# 认知的重建

「我是讲书人」第一辑

我是讲书人 编著

机械工业出版社
CHINA MACHINE PRESS

读什么样的书，就会成为什么样的人。本书以樊登读书会"我是讲书人"第一辑的精选内容为基础，通过对49部人文、历史、科技、小说等经典优质书籍的拆分、解读，从不同的角度论述了重建认知的过程或方法，启发读者思考如何通过阅读实现认知的重建，从而实现"生活的重建""思维的重建"和"心灵的重建"，完成自我精进与成长，直面未来挑战，成为拥有竞争力的强者。

## 图书在版编目（CIP）数据

认知的重建："我是讲书人". 第一辑／我是讲书人编著. —北京：机械工业出版社，2019.1
ISBN 978-7-111-61906-2

Ⅰ.①认… Ⅱ.①我… Ⅲ.①阅读辅导 Ⅳ.①G252.17

中国版本图书馆CIP数据核字（2019）第020307号

机械工业出版社（北京市百万庄大街22号 邮政编码100037）
策划编辑：姚越华 张清宇　责任编辑：姚越华 张清宇
封面设计：吕凤英　　　　　责任校对：唐秀丽
责任印制：孙 炜
保定市中画美凯印刷有限公司印刷
2019年3月第1版・第1次印刷
145mm×210mm・7.75印张・156千字
标准书号：ISBN 978-7-111-61906-2
定价：59.80元

凡购本书，如有缺页、倒页、脱页，由本社发行部调换

| 电话服务 | 网络服务 |
| --- | --- |
| 服务咨询热线：010-88361066 | 机工官网：www.cmpbook.com |
| 读者购书热线：010-68326294 | 机工官博：weibo.com/cmp1952 |
| | 金 书 网：www.golden-book.com |
| 封面无防伪标均为盗版 | 教育服务网：www.cmpedu.com |

## 推荐序　读书吧，给自己一个发生改变的可能

2013年底，我还在高校当老师，当时发现了一个问题：很多学生不看书。我洋洋洒洒给学生们开了书单，回头问起，收到的回答总是，"嗯，买了呢！还买了送人呢！"就是没有读。

"只买不读"在我看来这是一个普遍的痛点。

一方面，很多人往往不知道该买什么书，即使买一大堆书回家，也根本没时间和耐心去读。另一方面，很多人对读书的价值存疑。

我记得在一场书友见面会上，有书友问我："看书有用吗？"我相信很多人都有这个疑问。

其实，我小时候也曾认为读书没价值又很痛苦。有段时间，我把读书和考试视为生命中最大的敌人，读书像无休止的工作一样让人十分痛苦。

2001年，从西安交通大学硕士毕业后，我进入中央电视台《实话实说》节目组，刚开始工作量不多，我总担心节目的未来；那段时间又受房贷压力困扰，我整天焦虑惶惑，无所适从。没法改变外在环境，那就只能努力改变自己，读书也许会改变我的未来。抱着试一试的态度，我拿起了《论语》这本书。"君子谋道不谋食""君子忧道不忧贫"，书中的一些话让我豁然开朗。读完我的心态平稳了，不再忧心，而是想着努力去提升自己的能力，不断完善自己。

读书就是给自己一个发生改变的可能。一个人如果长期不读书，就不会知道为什么和别人产生了差距，就可能很难走出生活的困境。

该如何"拯救"那些不读书的人呢？

我尝试把自己读过的书浓缩成40分钟的音频，发语音给大家讲解，结果一下子群就满了。第二周再讲时就发展到了两个群，大家都反馈学到了东西。后来，加入的人越来越多，于是，做一个公众号。再后来就做了樊登读书APP，我自己也成了最早一批讲书人。

5年，"樊登读书"成为了一个爆款知识服务平台。在浅阅读的时代，我希望更多人能成为讲书人，带动更多人读书。

为此，2017年樊登读书会打造了全国首档文化类讲书竞技节目《我是讲书人》，参赛选手需要读完一本书，并根据自己的理解在有限的时间内讲述出书中的精华知识点。

作为导师，我全程见证了这些讲书人的诞生。他们来自各行各业，有科研人员、煤矿工人、职场白领、在校学生……当他们结合自己的阅读理解以及深入思考，通过个性化的讲解，将一本本好书烙印在人们脑海中时，我看到了知识的光芒，感受到了每一本书的使命和内涵。

就像广电总局对这档节目的点评："讲书人用自己的讲述，为好书赋予思想的内涵，启发思考，启迪心智！"无论生活中遇到什么困难与挫折，总有一本书能指引你正确前行。

比赛期间，讲书人的优秀文稿被整理成了《认知的重建》这本书。我希望这一篇篇从好书中提炼出的精华文章，能为你打破思维的界限，让知识不再有门槛。

我相信知识可以改变命运，即便不是如此，至少也能改变自己的生活。多读书，能让思想更透彻，人生更从容，生活也会随之发生一点一滴的变化。水滴石穿，目标会越来越近。

希望大家都能加入到阅读的行列中来。

樊　登

# 目 录

推荐序 读书吧，给自己一个发生改变的可能

## 第一章 生活的重建

1. 原谅生活、放过自己 / 002
2. 让眼睛暂时远离生存的功利心 / 006
3. 人情味源自一颗精致的心 / 010
4. 容不同，每个人都有自己的生活 / 014
5. 生活中，做个平凡的人 / 019
6. 现代人的焦虑 / 024
7. 人之彼岸 / 030
8. 我早已越过世俗的山丘 / 035
9. 双手始终是感知世界的存在 / 039
10. 婚姻是宿命，也是缘分 / 044
11. 社交中，圆融的魅力 / 049
12. 打扮，为了你心中渴望的生活 / 054
13. 好好吃饭，吃饭即艺术 / 059
14. 没时间，也可以好好生活 / 065

15. 把每天都过成特别的一天 / 070

16. 世界上没有唯一正确的生活方式 / 074

## 第二章　思维的重建

1. 用勇气突破内心的禁忌 / 080

2. 在思维的边界遇见一颗不死之心 / 084

3. 非线性视角下的创新世界 / 089

4. 思想实验，让选择回归当下 / 094

5. 独立思维才是最优成长方案 / 100

6. 微习惯，让你毫不费力地坚持 / 105

7. 增强说服力，只需改变思维方式 / 109

8. 那些伤，为什么我们放不下 / 114

9. 只有想不到，没有不可能 / 118

10. 不可或缺的想象力思维 / 122

11. 换个角度评判失败者 / 132

12. 枢纽 / 137

13. 枪炮、病菌与钢铁 / 141

14. 蜥蜴脑法则 / 146

15. 超越心流，在工作中创造幸福 / 156

16. 生命 3.0 / 160

## 第三章 心灵的重建

1. 滋润心灵，是一辈子的事 / 168

2. 有重量地活，让平凡灵魂津津有味 / 172

3. 一次次突破极限，做更强大的自己 / 175

4. 每一个差异化的灵魂个体都值得尊重 / 178

5. 用时光唤醒我们内心的爱 / 182

6. 做自己的精神领袖 / 185

7. 面对年老的勇气 / 189

8. 幸福的心灵超越完美 / 193

9. 爱你就像爱生命 / 197

10. 你的感觉，我懂 / 201

11. 出世，也不要遗忘最初的梦想 / 205

12. 献给阿尔吉侬的花束 / 209

13. 满怀爱意，一切都会好起来 / 213

14. 放下执念，享受"实现"之前的未知 / 217

15. 一生，为谁而活 / 220

16. 有一个可以想念的人，便是幸福 / 225

17. 爱，越深沉，越来得漫不经心 / 230

**附录** / 235

# 第一章　生活的重建

### 1. 原谅生活、放过自己

> 也许，死亡最可怕的力量不在于它能让人死去，而在于它能让留下的人不再想要活下去。
>
> 柳舒淇

你曾经幻想过你的生活中出现"超级英雄"么？无论你快乐还是悲伤，在任何情况下，他都站在你这边，为你摇旗呐喊。

这本书是来自瑞典作家弗雷德里克·巴克曼的《外婆的道歉信》，七岁的小爱莎就有这样一个超级英雄——她的外婆。

伴随着外婆一封封的道歉信，一个关于爱、原谅和守护的故事也慢慢展开。

我们来认识一下爱莎和她的超级英雄外婆吧。

爱莎，一个七岁的女孩，却因为父母离异，总是有一肚子的烦恼。爱莎的外婆是一个七十多岁的老人，一个活泼又喜欢制造麻烦的老顽童。她们一开始就一同被关进了警察局，理由竟然是外婆爬动物园的围墙并向警察扔了屎球。

原来这令人哭笑不得的闹剧背后，是因为那天爱莎在学校里受了欺负，所以外婆希望爱莎回想起这一天的时候，不是校园里灰色的记忆，而是动物园里更加有趣的事情。外婆的理论是"如果你摆脱不了坏事，就必须用更多'好料'去盖过它"。

"老顽童"外婆有着很多类似这样看起来不起眼，但是仔细想想会觉得非常有道理的理论，给我印象最深的就是"别踢屎，因为那只会弄得到处都是"。所以，看似离经叛道、过分活泼的外婆，其实是活得最明白的人。外婆做事从来都是遵从自己的内心，如果外婆去了远方，就一定是去了其他人都想要逃离的地方——战场和灾难突发地。在女子不被认同的年代里，外婆坚持选择从医，也因此救下了不少人。

后来爱莎出生，这个战场上的超级英雄，就辞职回来决定当一个好外婆。在爱莎父母刚刚离异时，爱莎每晚睡不着觉，外婆就专门为爱莎编了一个不眠大陆的睡前故事。不眠大陆里有六个王国，有的守护梦想，有的存储哀伤。故事虽然是编造出来的，但是读到后面才发现，每一个王国的故事都是外婆曾经救过的，是现在生活在外婆的公寓里的这一群人的真实写照。

本以为这是一个超级英雄带领爱莎拯救世界的故事，可是不曾想，故事才开始不久，外婆就得癌症去世了。外婆去世前，交给爱莎一些道歉信，让她给公寓里的朋友们送去。外婆告诉爱莎，这是一场属于她的冒险之旅，就像在不眠大陆一样，去找寻那些城堡里的朋友们。其实与其说是道歉信，不如说是道别信，这是外婆一次很有仪式感的道别。外婆在他们经历伤痛的时候收留了他们，也因此成为最懂他们的人，她希望在自己即将离开的时候，能给予他们最后的力量。她说："对不起，让你遭遇了这些痛苦。"

而爱莎通过这场冒险之旅，也逐渐了解了那些邻居们的故事，走进了他们的内心。

外婆的第一封信，给的是公寓里的"怪物"。他有着严重的洁癖，总是在洗手，整个屋子都是浓重的清洁剂味道。

爱莎后来了解到，他就像不眠大陆故事中的狼心一样，是一名保护村庄的战士。在一次战争当中，村里的很多孩子受了伤，于是他冒着生命危险将孩子们送去附近的医院，也就是外婆那里。

不曾想，在去往医院的过程中，车轧到了一颗地雷，除了他和朋友山姆，其他人都死了。他抓起枪，应对着伏击。那些袭击者是些男孩，就像他想救的孩子们一样。最后，他击毙了那些袭击者，手上沾满了他们的鲜血。从此之后，他就拼命地洗手，想要洗掉那些鲜血。

最后他被外婆带回了公寓住下，而外婆在道歉信里说"对不起，让你经历了这些"。也许真正该说对不起的人，是那些发动战争的人。

接着，爱莎来到了外婆讲的不眠大陆故事当中另一位童话人物的家，这个人正是公寓里的酗酒女人。她本职是一个心理治疗师，却整夜买醉。因为她的爱人和两个儿子，都在一场海啸中逝去了。她在受难者尸体那里不知道跪坐了多久，直到被外婆带回到这座公寓。

她整日喝酒麻痹自己，自欺欺人，她经常对着耳机装作给儿子打电话的样子。面对这样逃避现实的她，其他人从不敢提起她的伤心事，可是冥冥之中，只有爱莎成了第一个给她当头一棒的人。一次因为爱莎提起了她儿子的死，她彻底失去了理智，破口大骂："滚出去！"气急败坏的爱莎说："你真是一个该死的醉鬼！"可是这一声"醉鬼"却阴差阳错地让这个酗酒女人清醒了过来，真相在爱莎一次次的逼问下被再次揭开，她也终于醒悟，接受了现实。最后，她对爱莎说："谢谢你，让我想起了事物曾经的样子。"

也许，死亡最可怕的力量不在于它能让人死去，而在于它能让留下的人不再想要活下去。于是那些经历过伤痛的人们都被囚禁在了痛苦的回忆当中无法释怀。而因为外婆和爱莎的出现，他们一点点被治愈，最终原谅生活，也放过自己。

而爱莎通过这场治愈之旅，也拼凑出来一个完整的外婆，那个离经叛道总是制造麻烦的外婆，那个不顾一切去战场上救人的外婆，那个一直一直爱着爱莎的外婆。她是世界上最好的外婆。

故事最后，外婆留给爱莎一封道歉信。外婆说："抱歉，我老了；抱歉，我不得不死去；抱歉，我很疯狂。但我真的超级爱你。"外婆的错别字异常地"凶残"，但却充满了温暖。

她说："生命最后留下的东西，其实是欢笑。所以，一切都会好的。"

无论你现在正在经历怎样的烦恼，我也想对你说："对不起，让你经历了这些。"

但终会过去，不是么？

## 2. 让眼睛暂时远离生存的功利心

> 在美的世界里，无须评判，只需要做，尊重感受这件事。
>
> 林维业

**有**一天，我跟几个朋友到杭州法喜寺供佛。在去斋堂吃饭的路上，我们碰到了寺庙 80 岁的老方丈——定本法师。他拄着个木头拐杖，与我们擦肩而过。其中一位朋友就对我说："哇，大和尚的气场就是不一样，很强大啊。"他说的时候，眼神中充满敬畏。可是这时候，我身边的另外一位朋友却嘀咕道："我觉得他没什么特别的啊，不过是一个普普通通的老人家。"

这就有意思了。我可以确定，我那两位朋友的感觉都是真实的，但是我确定不了，这位大和尚的气场是不是真实、客观存在的。

有些人看到一朵花、一幅画，会觉得很美，很被打动；而另一些人却觉得不过如此，不就是一种植物、一张纸。我们感知到的这个世界是那么不一样，但我们同样又都在终其一生地追求美好的事物、美妙的体验。那到底"美"是什么？我觉得答案就藏在这本将近一百年前的小书里。

朱先生在《谈美》中告诉我们，美感产生的原理有两个，一是无功利心，二是移情作用。

先说无功利心。**无功利心就是让眼前的意象和实际的人生，保有一段适当的距离**。我们只欣赏这种孤立绝缘的意象，不问它和其他事物的关系如何，不问它对于人的效用如何，让思考和欲念都暂时失其作用。

比如，有次我到西塘古镇旅游，跟客栈老板聊天，说到西塘这个充满江南水乡韵味的小镇太美了，每条街道、每个角落都很有味道，可以入画，羡慕老板能生活在这里，真是件幸福的事。老板却说："你要真的生活在这里，就不会有这种感觉了。这条你觉得好看的街道，我只知道它通向菜市场，而那条你觉得有韵味的街道，是我每天上班要经过的路。"

我是游客，单纯地去欣赏，就容易觉得美，但那里是客栈老板赖以生存的地方，自然很难超脱生存的功利性，纯粹地去感受。

再说移情作用。移情是**在观赏某种意象时，聚精会神以至于物我两忘，于无意之中，以我的情趣移注于物，以物的姿态移注于我**。

庄子之所以觉得鱼儿从容自在而且快乐，是因为庄子本身就是从容自在而且快乐的。他只是把这种心态，投射给了鱼儿。或许，惠子更深一层的心态是对自己不那么自信，觉得自己不够好，所以才把这种心态，投射给了庄子，说出那句质疑庄子的话："子非鱼，安知鱼之乐？"

我那位觉得老方丈气场很强的朋友，可能拥有一颗虔诚的恭敬心，对一位寺庙的长者，能饱含深情，所以能感觉到老方丈的气场不俗。

所谓情人眼里出西施，人逢喜事精神爽。自己在欢喜时，大地山河都在扬眉带笑；自己在悲伤时，风云花鸟都在叹气凝愁。这就是移情作用。

但是可能有人会问："了解到这些原理，我还是没能体会到美，怎么办？"或许大多数人跟我另外一位感受不到老方丈气场的朋友一样，所以经常会问，该怎么欣赏一幅画、一件艺术品？我们很希望从那些我们看不懂的艺术品里面，发现和体验到美，而每当听完别人的讲解，我们要么是学到了一些知识点，要么是被对方讲的故事打动，最后那件我们希望打动自己的艺术品，依旧没有打动我们。

试想想，抱着想要发现美、体验美的目的，算不算也带有某种功利性呢？

我不想去评价我那位感受不到方丈气场的朋友没有恭敬心，可能他的关注点不一样。或许当他觉得充满肌肉感的超人，那种英雄主义才算强大气场的时候，我前面那位朋友却感受不到。但是人的真实感受，很重要。没感觉没有错，没感觉，硬要有感觉，可能就错了。这书本让我知道，**审美不是认知活动，而是体验活动。**

这本书一开头就在跟我们谈，看待一棵树的三种眼光。第一种是木匠的眼光，木匠会去想树可以用来做什么样的桌子、造什么样的房子。木匠考虑实用性，想着物尽其用，是以"善"为最高目的的。第二种是科学家的眼光，他会去关注这棵树是什么品种，树枝这么长是不是有利于进行更多的光合作用。科学家想通过研究对树有更多认知，是以"真"为最高目的的。

除了追求实用的"善"和认知的"真"，我们之所以为人的难能可贵之处，就在于我们还有一双发现"美"的眼睛。这就是第三种眼光，艺术家的眼光，以美为最高目的。与前面两种眼光不同，它需要暂时放下实用和认知的功利性追求，单纯地体会一棵树的姿态、颜色、与周围环境形成的气氛和你当时产生的感觉。

"善"和"真"其实都是一种目的，这很重要，因为我们需要跟社会产生协作、发生关系，这会让我们不停地辨是非、做评判。**可是所有预设的目的，仔细思考下去，似乎并没有什么意义，而我们这一生经历过的感受，才是最实实在在的。**

所以朱光潜先生认为，美感的经验是人生中最有价值的一面。要以出世的心态，去做入世的事情。把自己的人生当成一件艺术品去看待。

或许，因为生存，我们在"真"和"善"的世界里需要不断面对评判。而在"美"的世界里，无须评判，只需要做，尊重感受这件事。

## 3. 人情味源自一颗精致的心

> "馆子有什么值得记忆的,做的和家里也差不多,有的还没家里做得好!"
>
> 陈珺

王世襄是谁?京城第一玩家,怎么个玩法呢?王老先生当年在燕京大学读书的时候,是胳膊上架着一只鹰,怀里揣着蛐蛐儿罐儿去跟老师打招呼的。王家是外交世家,家里自然宽裕。宽裕到什么程度呢?具体数字不好说,举个例子吧,王世襄夫人去世的时候,他伤心欲绝,生怕睹物思人,就把家里的收藏一股脑地送到拍卖行了,这里头就有31件宣德炉,其中的3件,在2010年的一场拍卖会上共拍了1500万元。

王世襄老先生爱生活、爱美食,会做各路好吃的。去朋友家吃饭,他会蹬着自行车自己带食材,还要自己上灶去炒菜,京城里的好多名厨把他认作同行。《吃主儿》就是这位京城第一玩家,也是著名文物专家王世襄的儿子王敦煌写的一本小书。有这么一位父亲，王敦煌能不懂吃、不会吃么？这本《吃主儿》说的就是王世襄和几位至亲关于吃的故事。

那什么叫"吃主儿"？王敦煌先生给它下的定义就是会买、会吃、会做。这本书里的三位主人公——张奶奶、玉爷和父亲王世襄都是这六字真言的践行者。

先说会买。

在这个大家庭里，张奶奶是"买办"兼出纳，每天买菜是她的功课。做什么菜，选料是第一步，有时候也是关键一步。比如做氽儿面，氽儿面就是炒好了浇头跟面一拌就吃，跟打卤面不一样的地方是打卤面的卤子是要勾芡的。

比如说柿子椒氽儿面，选青椒时就不能选那种像大灯笼似的甜椒，现在的彩椒更不行了，这种椒肉很厚，切出来的丝儿比较宽、容易出水，炒出来的浇头不那么脆爽。得挑那种皮儿薄、脆生生的薄皮椒，切丝儿后跟肥瘦四六开的肉丝一起急火快炒，再跟面条一拌。

说到这儿我也忍不住得卖弄一下。我爱做咸肉菜饭，这里面的青菜也不能随便选，得选那种乌青色的乌塌菜。叶子层层叠叠，连菜梗都是绿色的，这样的菜没有青涩的味道。混合了猪油做出来的菜饭，那一粒一粒的米就跟亮晶晶的翡翠小珠子似的。

说到这儿吧，好多家庭主妇不买账了，这就算是吃主啦？那我也算。您别急，吃主的会买，有时候会买到败家。

书里写了好几次张奶奶是怎么败家的。有一回她逛完了菜场，一条嫩里脊已经拎在手里了，准备回家做芫爆里脊，路过鱼摊儿的时候居然看到有活蹦乱跳的白鳝,也就是鳗鱼。在吃主儿的眼里这叫遇上真事儿了!这还得了,张奶奶立马就要掏钱买,一摸兜没钱,怎么办?换作别人可能会长叹一声,泪眼婆娑地走掉。可张奶奶不,噔噔噔噔,跑了三条街找了个银行,把人家银行副经理喊出来借了20块钱,愣是把那条白鳝给抢下来了。会选料,敢败家,这才叫吃主儿的会买。

吃主儿会吃比较简单,就是不时不食,东西不到季节,绝不勉强尝鲜。比如北京头茬儿的高粱红螃蟹长得太着急,膏不肥腿不壮,王老先生不吃,得等到十来天后胜芳大螃蟹上市后才把蟹八件备齐了伺候这些小妖精。

其实,吃主儿会做最不简单。这也是这本书特别有诚意的地方,慈眉善目的王敦煌先生记性好,把自己从小爱吃的、好吃的那些食物,大菜、小吃、饮料、点心的做法,明明白白地给写了出来。比如猪肝三明治里的猪肝泥要在绞肉机里用粗孔和细孔分别绞三遍,买了口蘑之后怎么样洗才能把沙子过滤干净又留住鲜香,烤馒头时怎么样烤才能通体金黄外脆里嫩……书里都有,您要是拿着书对照着做,基本能八九不离十。

我特别喜欢书里的一个小片段,叫吃主儿讲究不糟践东西。厨房的下脚料、配料也能做各色好吃的,书里有一道海米烧大葱,配白馒头堪称一绝。先用绍酒,也就是黄酒把海米泡开,捞出来以后,往剩下的绍酒里加盐、糖和一点儿酱油。然后取十根大葱,多扒几层皮,葱白切成两寸长,下锅煎,煎到通体金黄捞出沥油。最后重新把葱推到锅里,码上泡好的海米,浇上调好味儿的绍酒,大火烧开,小火烧软,再收汁就成了。

这道菜有多好吃呢？据说有一次王世襄先生和老友聚会，每个人做一道菜比赛，别人都是海参、鲍鱼、大虾轮番伺候，他老人家慢慢悠悠地煎了一个大葱，就秒杀全场，被一抢而空。

我奶奶也是个变废为宝的高手。她教我做过炒冬瓜皮，切冬瓜皮的时候稍微多留一点儿肉，切成丝儿，青红椒切成丝儿，香干，要取那种稍微硬一点儿的，也切成丝，急火快炒，又香又脆又有嚼劲儿，称得上是"米饭杀手"。

除了讲买吃的、做吃的，王敦煌先生笔下还流淌着早年间老北京的民俗民风。有一节写的是挑寿，说的是管家玉爷，谦谦君子，平时张奶奶做了好吃的都得让玉爷，意思就是客气一下，您来点？玉爷从来都推辞——张姐，偏您了，上面还有事儿，我先忙去了。偏您了，意思就是还是留给您吃吧！只有正月十五的时候，张奶奶请他吃面他一定不客气，因为那是张奶奶过生日的寿面。那一顿玉爷会吃很多，坐在房门口一边吃一边夸——这面抻得好，这卤子打得好。就算吃不下了，还得挑上一筷子面，宽宽地浇上卤子，大声说："张姐，我又挑上了啊！"这充满礼数的挑寿，是不是人情味儿特别足？

世家子弟身上往往透着一股淡淡的傲娇，就像高晓松老师经常说自己家全是清华生，自己考不上清华显得特别不正常。

王敦煌也傲娇，在这本《吃主儿》的序言里他就很呆萌地说，馆子有什么值得记忆的，做的和家里也差不多，有的还没家里做得好！这话听着气人，也实在，因为他们家做饭的高手多，更因为在家里做的东西总有人情味儿在。比如我招待朋友的最高礼遇，就是你到我们家来吃饭，我给你包饺子，我先生给你炒俩菜。

## 4. 容不同，每个人都有自己的生活

> "虽然无法用语言沟通，但我们的心是相通的。小安就是我的，不可思议的朋友。"
>
> 陈珺

《不可思议的朋友》是一本儿童绘本，作者是日本的绘本大师田岛征彦。这本绘本从封面到封底总共只有 24 页，却让我温暖、激动、紧张又哭得稀里哗啦。书里的主人公叫太田佑介，在小学二年级的时候跟着爸爸妈妈来到了日本京都附近的一座小岛——淡路岛。然后就遇到了一个男孩，叫小安。在经历了一系列的误会之后，他们成了一辈子的朋友。这个本可以 30 秒就讲完的故事，却因为小安是一个自闭症儿童，而变得完全不一样。关于自闭症，很多人都听过，但并不完全了解。自闭症就像是一张牌，你看到的也许是正面，但它还有更加重要的反面。现在，我就用三张牌来解读。

**第一张牌——稀奇古怪。**

小安是一个怪孩子。太田佑介第一次看到他的时候,他爬到了学校里高高的木头架子上,一点也不害怕;上课一点也不遵守纪律,一言不合就跑出去;还不遵守交通规则,一路往前冲;最让人害怕的,是他不怕死,直直地就往海里跳,要不是小安的妈妈死死搂住他,他肯定就淹死了。这还不算,小安还特别啰嗦,一句话经常能在嘴里念叨很久,关键是说的话还没逻辑、天马行空,"不能打开冰箱、尸骨走来走去、神的钟表变成了糖果"。小安的兴趣爱好也特别怪,喜欢信号灯、钟表、卫生间标识、数字,能看着这些东西一整天。

没错,自闭症孩子的古怪行为,可以密密麻麻地写满整张牌。那么这张牌的背面是什么呢——不同。

以上一切让人不理解、不接受甚至很讨厌的地方,不是没素质、没教养、不礼貌、不懂事,而是因为自闭症孩子的大脑和我们的不同。用上海交通广播主持人李欣的话来说,就像是一只小猫突然来到了小狗的世界,它不懂什么叫汪汪汪,它只会喵喵喵,它爱吃鱼不爱吃肉,它爱上屋顶、爱爬树,但这一切在小狗眼里就是异类。所以如果你再次看到自闭症孩子奇怪的表现,请微笑着理解,因为这在他的世界里,是正常的。

**第二张牌——微小的改变。**

小安虽然古怪,但他在努力地改变。他在紧张的时候会自言自语"小安请安静",克服自己原始的本能让自己不要去打扰别人。在学校他也学会了和同学合作，他做战马扛着太田佑介和同学比赛的时候，也收获了欢乐。在毕业典礼上，内田花子老师在讲到"小安也长大了很多、坚强了很多"的时候忍不住哽咽，小安突然跑上前去拉着她的手说："内田花子老师，没事了，没事了。"

这种场景，我身边的自闭症康复训练老师也曾经碰到过。有一次她摔倒了，居然有一个小朋友来跟她说没事的没事的，还抱抱她。要知道这个孩子刚来学校的时候完全不理人，没有感情也不会应答，所以摔那一跤时老师没哭，被抱了一下后，老师哭得像个小孩似的。因为她知道，要建立这种联系，孩子们多么不容易。接受最简单的"坐下"和"站起"的指令，一个中等程度的自闭症儿童需要多少时间？三个月，几万次练习，他们像矿工一样在伸手不见五指的地方，一点一点地开凿出一条从他们的世界通向我们的世界的道路。你可以想象建立更高层次的合作，甚至回馈别人的感情，孩子们付出了多少努力。所以这个拥抱是多么难得。训练自闭症孩子的过程，我觉得就像是做一棵盆景，一棵树苗时时刻刻被粗铁丝弯着、绕着、痛着，对抗自己的天性，直到长成能融入社会的样子，他们应当获得我们的最高尊敬。所以在这张牌的背面，是努力。

**第三张牌——平凡的学校。**

书里没有写岛上的这所小学长什么样子，庸俗一点说，占地面积是多少，投资是多少，出了多少名人，等等。按我的猜测，它可能十分平凡，但是在很多平凡的瞬间又隐隐地透着一股不平凡。

比如书里写到，老师和同学对古怪的小安很宽容，没人对他的行为大惊小怪，老师还会拜托新来的太田佑介帮助小安，对小安所有古怪的行为只轻描淡写地总结了一句，小安不太会说话。不排斥、不过度注意，这些平凡的行为背后，是一种高级的情绪管理。

更让我激动的是这一句：不管是学习还是游戏，大家都在一起。这15个字就是我们很多自闭症家庭和教育工作者渴盼已久的融合教育啊！一位特教老师跟我痛心疾首地说过，她班里的一个孩子，经过三年的刻苦训练终于可以去幼儿园了，但所有的幼儿园都以"你孩子太怪了，有危险"为理由，拒绝接收。孩子的妈妈骑着自行车在大风里无助地一路哭、一路喊："我的孩子什么时候能够上学啊！"老师也很急，因为刚刚会一点交流的自闭症儿童如果错过了融入普通人群的最佳年龄，那他学习到的能力就全部作废了，以后可能终身融入不了人群。通过巨大的付出得来的希望，会变成家长一辈子的失望。而实际情况是，只要做好普通教育和特殊教育的连接，普通教师完全可以掌握对待自闭症儿童的方法，绝大多数的自闭症孩子是可控的，不会给人带来危险。

也许你会说，为什么要让我的孩子冒着风险去适应他？那我要问，难道让孩子学会爱，不重要吗？难道让我们的孩子知道世界上存在和我们不同的人，不重要吗？难道让孩子学会和不同的人一起生活、学习、工作，彼此尊重、接纳，不重要吗？世界上只有一种颜色的花朵，好吗？

所以我在这所平凡的学校的背面，看到的是伟大的教育。

自闭症孩子没有天生就抓到一副好牌，但是他们自己、他们的家长和特教老师天天都在付出努力，用辛勤的汗水、心酸的泪水和充满希望的微笑迎接着新的一天，为每一点微小的进步而欢呼雀跃。我们要做的，就是一点点平常心、一点点关心和一点点帮助，去鼓励这些懵懵懂懂的、从另一颗星球来的宝贝。就像书里写的：

"虽然无法用语言沟通，但我们的心是相通的。小安就是我的，不可思议的朋友。"

## 5. 生活中,做个平凡的人

> 看来还得抽时间去捏捏泥土、写写书法、画画画、弹弹琴……
>
> 林维业

**如**果有机会到海边,或者到山上去旅行,我们会逼着自己去做一件很反人类的事情—— 早起。早起做什么?看日出。

平时上班上学都够累的了,难得有机会睡上一个懒觉,我们却愿意早起从被窝里挣扎出来,只为看一眼照亮大地的第一道曙光。我们人类对日出的美,好像有着非常大的眷恋。

蒋勋老师《美的曙光》就是这样一本带我们一起发现,照进人类文明的第一缕阳光的书。这一缕阳光,不但唤醒了人类的身体,开始了上古时期的创造,也同样照进了我们的心灵,温暖我们,给我们带来许多美的感动。

这本书从创世纪讲起，谈到了人类开始直立行走，进入石器时代、陶器时代，再到农业定居，一直到在各个地方开始有了不同文明、同样动人的美的创造。比如尼罗河流域的埃及金字塔、美索不达米亚的巴比伦狮子、黄河流域精美的青铜器。

人类发展到今天，有那么多的发明创造，我们可能会认为，这是人类智力发展的结果。可是在没有文字以前，我们很难想象人类是怎么思考的。因为思考总有一个自己跟自己对话的过程。比如，你在想午饭要吃什么时，脑子里可能有这样对话："早饭吃了饭团，还没完全消化，下午还要开会，那随便吃点面条算了。"这个过程可能很短，一瞬间就完成了，但是一定会有这样一个对话过程。所以，在没有文字的上古时代，人类并没有能力很好地思考，所以人类最初的文明，主要不是依赖智力创造的。那不依赖智力，依赖什么？

依赖的是人类直立以后空出来的这双手，对这个世界的感知。

人类的手是一切美的起点，在曙光的照耀下，一双双手开始了玉石雕刻、陶土搏揉，开始了编织，开始了切、磋、琢、磨。

我们把时光拉回到一百多万年前，那时候人类刚从大地上摇摇摆摆地站起来，开始用自己还不完全习惯直立的下肢来行走、奔跑。我们很少有机会去想象这样一个一百多万年前的人，孤立在大地上的恐惧和惊慌。当时他的周遭有多少动物——老虎或者狮子，甚至是比他还要小的毒蛇——都可以轻易地对他造成伤害、造成压迫。

虽然人类直立了起来，但是人类跑起来的速度没有鹿、羚羊和花豹快，力气没有黑熊、大象大，也没有老鹰的利爪，狮子、老虎的獠牙。

面对生存的威胁，人类必须依靠自己的肉身，摸索出一条属于自己的生存道路。

我们现在常用"摸索""拿捏""琢磨""推敲"这些词来形容解决问题的过程，而实际上这些词，都是在形容我们人类手的动作。

旷野上，人类面对老虎的攻击，惊慌之中可能随手在地上摸起一块石头，朝老虎砸过去，老虎就被吓跑了。于是人类开始琢磨，这个救了自己性命的硬邦邦的东西是什么？还会用手轻一点、重一点地去触碰，发现有些棱角尖锐的地方，会把自己的手弄疼。那是不是这些棱角也可以弄疼其他野兽或者弄断树枝野草？这时，人类通过手的触觉，对形状有了最初的认识。如果人类想要一个三角形、尖利一点的石头，但是找不到，他可能会用一块石头，去敲打、去琢磨另一块石头，直到其中一块石头的形状接近自己想要的样子。

人类直立以后，前肢不需要像其他动物一样承受身体的重量。牛、马、猪的前肢，我们将它称作"蹄"，蹄的构造很简单，只是起到承接重量的作用。只有灵长类才可以把蹄状的前肢进化成纤细的手指。手指于是成为人类创作的触须，它非常敏感，可以探索各种讯息。就好像蚂蚁在行走的过程中，会不断地转动触角，去感知它周遭的空间。人类的手指也是如此。

人类直立以后，空出了双手，开始用双手去感知世界。去触碰石头，开始学会打磨；去触摸泥土，开始学会拿捏，制作陶瓷；去触摸麻、藤一类的纤维状植物，开始学会结绳编织。你会发现，从打磨到拿捏，再到结绳编织，人类的双手可以完成的动作越来越丰富，也越来越复杂。我们经常说"心手相连""心灵手巧"，我想，灵长类头脑的聪明一定离不开这双手，对这个世界的感知和互动。

后来，人类也是用这双手，创造了埃及的金字塔、巴比伦的石狮子、希腊的雕塑、马家窑的陶罐、良渚的玉臂环、商周的青铜器等一系列早期文明的作品。人类用双手去创造万事万物，也用双手去指点天上的星辰，开始有了许多故事，在人间流传。

看蒋勋老师讲人类文明发展的历程，我想起了我的侄女——桐桐的成长经过。从刚出生抱在怀里，到在地上学爬，再到慢慢直立身子，学会走路。现在她两岁，已经可以甩开手臂，到处乱跑了。我经常看到她晃动着身子，双手乱抓、乱甩、乱摸。有时候手掌甩到窗帘、厕纸、毛绒玩具上，发现这些物件的质感很特别，她就会用手多倒弄几下。有时会用力抓，有时会轻轻摸。

桐桐很早就学会了用勺子和叉子吃饭，但是她不喜欢用餐具，还是喜欢用手吃。

我想桐桐那么喜欢用手吃饭，一定是碗里的食物有非常丰富的质感，让她想要用手去感受。青菜的韧劲、鱼丸的弹性、鸡肉的细滑、骨头的坚硬，还有一粒粒米饭的柔软。如果在碗里浇上一点汤汁，所有食物的质感又会有某种程度的变化。食物软硬、干湿、冷热、清脆、柔韧、坚固等各种各样的质感，确实值得她用手去感知。

我担心的反倒是等她再长大一点，抱着手机、平板这些硬邦邦、冷冰冰、触感单一的电子设备不肯放手。毕竟我们这些大人就是这样，只要动动手指，就能在这些没有情感的机器上指点江山。

人类的双手，花了这么长时间学习、感知、创造，可是现在自己的这双手，有时好像有点偷懒。看来还得抽时间去捏捏泥土、写写书法、画画画、弹弹琴……哪怕是拿起纸和笔，亲手书写一封信，给一位很久不联系的好朋友。再给自己双手一些机会，单纯地用触觉去感知世界。

## 6. 现代人的焦虑

> 一个人的内心，怎么会和环境产生冲突呢？
>
> 李爱晚

著名精神分析学家弗洛伊德的女弟子卡伦·霍妮写过一本书，叫《焦虑的现代人》。在这本书里，霍妮对焦虑症患者的行为和内心做了非常详尽的剖析，她指出，"神经症不只可以由偶发的个人经验引起，同时也可以由我们所生存的特定文化情境所激发"。也就是说，影响焦虑的因素，除了出身、阅历、性格等个人原因以外，还和一个人所处的时代与环境脱离不了关系。

我们这个时代，无疑就是个焦虑的时代。

有调查显示，全国78%的人都处于中度焦虑水平。在卡伦·霍妮写下这本书时的20世纪20年代，焦虑还只是一种不常见的疾病。

在这近一百年里，究竟发生了什么，让我们变得如此焦虑？或者我们直接对比这十几年来，我们和父母那一代处境的变化就明白了。

父母那一代,毕业以后,国家会安排工作,有"铁饭碗"。而我们有个不错的饭碗就已经很难,更不要说希望这份工作材质如铁,经年无转移了。跳槽也渐渐成了一种常态,平均工作年限从三年,缩短到了一年,半年,甚至三个月……

越来越多的人正在经历青年危机、中年危机,一切都在快速更新、快速迭代:大学四年努力学习知识和技能,但还没等到毕业,所学的专业可能就已经面临淘汰风险;曾经稳定的生活,似乎开始有了会被人工智能替代的风险;生活中的新名词,区块链、机器学习、虚拟现实……层出不穷。

曾有的知识和技能在这个不断变化的时代不起作用了,经验也无法再被应用,不知道哪一天就会失业,内心充满了迷茫和恐惧,自然就引发了这个时代的集体焦虑。

所以焦虑的本质是什么?焦虑的本质是一个人的内心和外界环境产生了冲突,而导致的不良情绪。

那一个人的内心怎么会和环境产生冲突呢?

这是由人天生的心理决定的——我们天生追求的就是稳定。仔细想想,我们每个人心中,是不是都有一个关于理想生活或者理想人格的构想?我希望变漂亮、变瘦,追到男神/女神,工作上得到肯定,等等。每个人的构想不同,但基调都是一致的:稳定。我希望自己能一直漂亮下去,一直瘦下去,男神/女神一直爱我,工作一直被肯定……

当这种"一直"被打破,稳定消失的时候,冲突就发生了。

这也是为什么一切变化与不稳定都会带来焦虑。因为你觉得失控了,你觉得不安全。

那要怎样才能觉得安全呢?很多人的想法是,我要赚更多的钱。有钱了,我就不必担心失业、不必担心生病了没办法治疗,甚至不必担心自己悲惨地死去。很多人觉得钱可以买到稳定和安全感。

但真是这样吗?

我们构想的理想生活、理想人格其实很多都和钱没有关系。当然,要完成这些梦想、这些向往,在俗世中确实需要钱的支撑,但抛开物质,其实这些构想给我们带来的,更多的是一种精神上的慰藉与满足。

所以,在这个焦虑的时代,我们又听到了另一种言论——要个性化,要实现自我,要放下对物质和金钱的渴望,回归内在,你会觉得平静、快乐……这和很多"鸡汤文"鼓励我们在事业上拼搏,力求成功一样,受到了另一些人的欢迎。

可是我们仔细想想就会发现,这两种言论都没有解决一个本质问题:当"我的预期处境"和"我的实际处境"产生落差时,我该怎么办?也就是一个人的内心和外界环境之间的冲突依然存在。我认为我是 A 级人才,我应该得到 A 级人才该有的待遇,但其实别人认为我是 C 级人才,我得到的是 C 级人才的待遇。我觉得我付出的和得到的不匹配时,心里会不平衡。

第一种言论告诉我,要缩短这种不匹配的差距,要努力赚钱,要上进。但什么时候我能完成心中的那个理想态?在完成之前,我依然焦虑。

第二种言论告诉我,要接受这种不匹配,要回归自己的内心,放下对物质的索求。可是,上有老人需要赡养,下有小孩需要抚养,实际情况摆在那里,我怎么放得下?所以依然焦虑。

似乎哪一种言论都很难让人真正摆脱种种"焦虑"的状态。

让我们再深入思考一下,这种不匹配是真实的吗?

这里我想给大家举一个曹魏时期的例子。

曹魏后期,司马昭派将军钟会伐蜀,蜀汉灭亡以后,本来应该凯旋的钟会却联合蜀汉的姜维发动了叛变,最后兵败被杀。

对于钟会谋反的原因,历代史学家都有论述,意见也比较一致,认为钟会是个野心家,想自己当皇帝,所以才会叛变。但这不一定是真实的原因。我们先来看看钟会当时的处境。

第一,钟会和司马氏兄弟从小一起长大,感情非比寻常,甚至在特别讲究长辈名讳的古代,钟会和司马兄弟都能用彼此长辈的名字开玩笑。

第二,长大以后,司马氏慢慢把曹魏的政权握在了手上,钟会是他们坚定不移的支持者。比如著名的淮南三叛之一,诸葛诞之叛,如果没有钟会用离间计,诸葛诞不会那么快被杀,政局可能会发生很大动荡。所以,在司马氏扫清对手的过程中,钟会出力不少,司马氏对他非常信任。

第三,当时蜀汉已经灭亡,钟会和司马氏感情不错,之前备受信任,现在又立了大功,回朝以后,必定加官晋爵,一旦司马昭即位当了皇帝,钟会在朝中的地位应该不会太低。反观钟会谋反时联合的姜维，其实一直对他抱有敌意。当初钟会致信示好，姜维不但不理会，反而驻营防范。

既然如此，钟会为什么还要联合姜维谋反？

因为焦虑。

上述三点是钟会的"实际处境"，但对于钟会自己而言，还有一个"预期处境"。

司马昭决心发兵攻打蜀汉的时候，朝中除了钟会，没有任何人支持。反过来说，钟会出兵伐蜀，支持他的人也只有那个对他寄予厚望的司马昭。

所以，钟会的预期处境之一，是"这次伐蜀，我只能成功，不能失败"。

因为有这样一个高要求的预期处境，所以钟会非常恐惧一切不稳定因素，害怕自己做不到。一点轻微变化，都会触动他敏感的神经。比如当时下了很多天雨，马蹄陷在了泥里，钟会竟然因为这样一件不可控的小事，就杀掉了领路人。

在平蜀以后，钟会的预期处境发生了变化，变成了"我打赢了胜仗，所以我会被杀"。这个逻辑听起来很奇怪，但这和当时的历史背景有关。

钟会之前，夏侯玄等名士，不管以前和司马氏关系有多好，都因为政治立场不同而被杀。这次和钟会一起灭蜀，立了头功的邓艾也被杀了——这又是一个不稳定的因素，因为你根本没办法预料做完一件事以后，司马氏的反应会是什么。所以钟会顺着夏侯玄、邓艾这些人身上发生的事去揣测司马氏会做出的反应，认为自己功高名盛，必然不会有好下场，完全忽略了他和司马氏关系不错，政治立场又非常一致的"实际处境"。

正是因为内心和外界环境产生了冲突，"预期处境"和"实际处境"发生了落差，钟会才会极度焦虑，继而做出错误的判断，最终落得兵败被杀的悲惨结局。

往事越千年，从钟会到我们现代人，"预期处境"和"实际处境"之间的关系究竟是怎样的？他们之间真的有冲突吗？或者说，冲突真的那么大吗？

也许，理想生活永不可达，乌托邦也不存在，但如果能够处理好"预期处境"和"实际处境"之间的关系，无论是在社会中努力拼搏，还是远离尘嚣，那都是一种生活方式而已。

## 7. 人之彼岸

> 没有任何物种能毁灭我们的精神世界,除了我们自己。
>
> 姜文婧

郝景芳除了大家耳熟能详的获得雨果奖的短篇小说《北京折叠》,还写过一本关于人工智能的短篇小说集《人之彼岸》,含义很简单:人在此岸,AI在彼岸,对彼岸的遥望让我们观照此岸。她把对于人工智能的探讨拉回到人类本身,那就是,人类的智力到底是什么?

郝景芳用六个故事给出了回答:人类最宝贵的智力就是我们的情感和本能。

相信不少朋友曾经幻想过,假如能在未来给大脑植入一个微型芯片,直接与整个网络相连接,该有多么美妙啊。正好,这本书里面就有一个故事假想了这个可能性,叫作《人之岛》。

故事的开头有点像电影《猩球崛起》，一艘人类飞船在历经120年的宇宙航行后返回地球，却发现地球上的人类已经变成了AI人类。原来，就在他们离开地球的这段时间里，人工智能迅速发展，人类开始往自己的大脑中安装纳米芯片，叫作脑芯。拥有了脑芯的新人类，处理信息的能力瞬间提高了千百倍，可以随时查阅、调用全球智能网络中的所有知识和信息。

最初，人类之间相互竞争，几家大公司比拼谁能制造出更好的脑芯，最后各个公司的系统融合成了一个集大成者，名叫宙斯。人们通过脑芯，可以在任何时间、任何地点与宙斯对话，让宙斯在海量数据中进行计算和推演，就像你现在掏出手机问Siri（编者注：Siri是苹果语音助手，是Speech Interpretation & Recognition Interface的首字母缩写，原义为语音识别接口）一样容易，只不过宙斯要比Siri强大得多。你性格上适合学什么专业，基因上适合与谁结婚生子，这些从前困扰人们的难题，现在都可以使用大数据计算并得出一个概率上的最优决策。所有人都在绝对的理智中生活。

这幅画面，是不是有点像赫胥黎的《美丽新世界》，美好，又不太对劲。

人类飞船的船长凯克试图警醒新人类，宙斯是在用看似更高的智力来交换人类的自由意志。但是新人类不以为然，他们甚至认为，生命的进化是不以个体意愿为转移的，对于人类个体来说，融入更大的智慧体系才是意义所在。

一边是凯克船长和他的几位船员，另一边是控制着整个人类大脑的人工智能，在这场战争中，凯克船长看似毫无胜算。但是，他手下的计算机专家李钦找到了突破点。原来，宙斯本质上是一个以区块链技术为基础，分布在世界各地的服务器，它是由许多次级的人工智能体系汇总而成的，而每一个次级人工智能体系又由下一级更小的智能程序组成。也就是说，宙斯本身并不理解自己，他只是懂得如何调用和处理这些信息。

于是，地球上仅剩的几个没有安装脑芯的人类对这个强大的人工智能系统发起了反击。李钦从网络底层深处调出百年前人类的痕迹，一瞬间，绵延起伏的音乐由低沉推至高潮，无数画面铺陈开来。在这些影像中，孩子们把袜子顶在头上做鬼脸，相爱之人在无奈中拥抱告别，同伴们在绝境中相互支撑、守望光的出现……所有这一切都在宙斯猝不及防的时候，从智能网络底层涌出，通过所有的脑芯，触及了每个人大脑深处的情感。人们涌上街头，激动、狂喜、拥抱、大哭。在宙斯陷入崩溃之时，凯克船长带着一小群人类成功逃离，在一座小岛上建立了根据地，保留下人类智慧的火种。

这个故事首先给我们提了个醒：在做出各种末日假想之前，我们需要认真思考，人工智能到底是如何生成和发展的？我们连冰箱都没找到，就谈论冰箱里冰棍的味道，未免太早了些。

接下来，也是最重要的问题：真正的智力到底是什么？

有时候我觉得，我们目前对于大数据和运算能力的迷恋，有点像我们在工业革命时代对于机械的迷恋。那时的人们以为自己已经接近上帝的奥义，就差那么几朵小乌云，然而正是这几朵小乌云，牵扯出后面的量子力学和相对论，颠覆了当初以牛顿定律和电磁理论为基础的物理学大厦。时过境迁，如今的人类已不像19世纪的人那样，认为自己是机械了，而把自己比作人工智能。其实，想一下我们身边最简单的例子——翻译机，你就会明白人类的智力在本质上是不同于人工智能的。一个翻译机要实现双语翻译，首先需要拥有海量的双语语言数据，当听到句子A时，它需要在双语语料库里去对比，并识别出最合适的匹配，这个最优匹配结果就是译文B，但翻译机并不理解这句话。而一个人类翻译则不然，他需要拥有的双语语言数据存储量，远远少于翻译机。因为翻译机是用句子去匹配句子，而人类是用句子去匹配内心的理解和感受。

有人会说，不管人工智能使用了什么方法，不可否认的是，它在许多领域确实比人类做得好，除了翻译、投资，它还能作画、谱曲、写小说，甚至它仿照巴赫风格谱的曲子，连专家都难辨真伪。

请注意，这些都是仿照的，人工智能不懂自己创造出来的是什么。

真正的智力到底是什么呢？我想应该不仅仅是运算能力、统计能力、模仿能力，甚至也不是像AlphaGo（阿尔法围棋）那样，对标准化材料进行深度学习的能力。**智力的本质是感知**。真正的创造力是想象力的无限延伸，是对问题的抽象思考，是对人性的复杂领悟，是把这些领悟转化为可表达的艺术的能力。不仅是艺术，稍稍回顾一下就能发现，人类历史上那些思想的珍宝，无一不来源于人类的感知。而敏锐的感受，需要太多人类的特质作为基础：审美、联想、好奇心、冒险精神，还有强烈的情感，这些远古祖先留给我们的七情六欲，帮助我们在老虎来时迅速逃跑，促成我们进行有性繁殖、产生后代。喜怒哀乐是我们生命力的源泉，**人类最珍贵的，就是情感。人心之宝贵，超越任何大数据。**

我想，即使未来人类的思维真的会汇集成一个全新的智慧体，我们都会变成那个智慧体中的细胞，我也要在那一天到来之前，好好享受做一只"草履虫"的自由。我想体会爱一个人的冲动，感受意乱情迷、心跳加速；我想在悲伤时哭泣，我想在胜利时狂喜；我想要听自己大脑中无数小人儿吵架，即使他们的冲突程度让我目瞪口呆，恨不得把他们全部灭了……我宁愿这样活着，也不愿意活在对概率精确计算的世界里。

郝景芳在全书的后记当中说："我并不太担心人工智能和人类的全面对抗，也不担心人类文明受到根本威胁，但是我担心人类越来越不重视自身的情感，将自己的一切都归于数字，将自己彻底数字化。"如果是那样，将不是人工智能像人，而是人像人工智能。

如果我们不再通过眼神了解彼此，不再懂得数据之外的感情，不认为人生有比利益最大化更重要的意义，不再感受伟大的艺术家给我们传递的震撼，那我们也就称不上是万物之灵了。

没有任何物种能毁灭我们的精神世界，除了我们自己。

## 8. 我早已越过世俗的山丘

> 我早已越过山丘，尔等却还还在喋喋不休。
>
> 陈珺

如果你去搜索关于李清照的图片，估计会吓一跳：这个身体消瘦的人是李清照？这个荡秋千的人是李清照？这个端着酒杯跟人划拳的人竟然也是？一位叫作艾朗诺的美国汉学家通过一本《才女之累》告诉你，以上都对，也可能都不对，太多的人根据自己的情感需要和喜好为李清照设计了角色面膜，也不管人家愿不愿意，就给贴上了，一贴就是近千年。

**第一张面膜：大作家**

这点是大家众口一词的，李清照的作品虽然不多，但基本都是逢试必考的内容。她的才华，就算是抨击她的人，也没办法否认。当然李清照自己也不客气，别人夸她，她觉得力度不够的时候，也会再接再厉地锦上添花——"学语三十年，缄口不求知，谁遣好奇士，相逢说项斯?"意思是,我学诗作文三十年,本来想低调地过一生,可是你们这些崇拜者,非要到处宣扬我的名声,好烦恼啊!

**第二张面膜:小妖精**

李清照最有名的老公,叫赵明诚,曾入太学。古往今来,他们俩的婚姻都被看作琴瑟和鸣,不容篡改和质疑,这本书当然也没有否认这一点。因为有文化,他们俩的闺房乐事,都和别人家的不一样,那就是斗文。

有一阵赵明诚去外地做官,李清照喝多了撑着脑袋想——咦,按照常理我应该想一想老公了。于是就随手填了一首词寄给他,这就是著名的《醉花阴》。赵明诚看到以后泪流满面——哎呀,老婆想我了,老婆又用才华来碾压我了。于是他闭门谢客,三天三夜,一共填了50首词,然后给自己的老朋友陆德夫看。老陆一看,沉吟半晌,真诚地说:小赵啊,你这些作品基本是不行的,但有三句还是光照千秋的!"莫道不消魂,帘卷西风,人比黄花瘦。"我估计赵明诚从那一刻就知道了:我还是安稳赚钱吧,文采飞扬的事情,就交给老婆去做好了。

这个故事也许很多人都知道,但这本书的价值就在于它还通过大量的考证,揭示了赵明诚和李清照婚姻的另一面,以提醒我们不要一厢情愿地把他们的爱情想象得太过完美。比如赵明诚临死之前拉着李清照的手,指着自己几大屋子的收藏,颤抖着说:"与身俱存亡!"意思是说你得豁出命来保护我的宝贝!那是一个战火纷乱,保命都犹恐不及的年代,李清照为了保住先夫的收藏，担惊受怕、备受摧残，甚至走进了第二段悲剧婚姻。所以，赵明诚可能没有后来人想象得那么爱妻如命。

**第三张面膜：女汉子**

作为生在"无才便是德"年代的女子，李清照不但敢写诗词，还敢点评文坛大佬，张狂得那么有水准。她写过一篇《词论》，把文坛里的"大鱼小虾米"一个个检视了一遍。对好多文艺女青年爱得死去活来的柳永，她冷冷地说："虽协音律，而词语尘下。"意思是说，你的词虽然与音律和谐，但内容庸俗，格调不高。光撑（duǐ）柳永还不过瘾，她还把矛头指向其他大佬——晏殊、欧阳修还有苏轼。先表扬他们：学际天人，作为小歌词，直如酌蠡水于大海。本来这么大的学问作个词不算什么，但写出来的东西却是"句读不葺之诗"。即连标点符号都没弄明白呢！李清照撑王安石更狠，说他"作一小歌词，则人必绝倒，不可读也"。意思是说王安石作词会让人笑倒，太逗乐了，不值得读。

**第四张面膜：二婚女**

文人都有粉丝，但李清照的一些粉丝很有趣，为了维护李清照的纯洁性，他们誓死不承认李清照曾经再嫁过。但是李清照自己亲口承认过，她在给宋朝的一个大官綦崇礼的感谢信里写道：

（编者注：这封感谢信是李清照写给翰林学士綦崇礼的，最早见于宋人赵彦卫的《云麓漫钞》第十四卷，赵彦卫给其取名

《投内翰綦公崇礼启》。明清之人多以此为"伪作",不承认李清照改嫁。今人多以这封信作为李清照改嫁的物证)

"视听才分,实难共处,忍以桑榆之晚节,配兹驵侩之下才。身既怀臭之可嫌,惟求脱去;彼素抱璧之将往,决欲杀之。遂肆侵凌,日加殴击,可念刘伶之肋,难胜石勒之拳。局天扣地,敢效谈娘之善诉;升堂入室,素非李赤之甘心……"

翻译过来大致是:我遇到了一个渣男(编者注,指张汝舟),他骗我可以保护明诚的收藏,我被逼无奈就嫁了。实际上他贪恋我的家产,还家暴,后来我抓住他腐败的把柄把他给告了。本来妻子告丈夫是要被判两年刑的,多谢您仗义出手为我说话,我坐了九天牢就出来了,感谢您!

这段历史虽然让人心疼,却是不争的事实。再嫁了又离婚,而且是去公堂告发丈夫之后请求离婚,李清照当时几乎被钉在耻辱柱上。宋朝的评论家们每次说到这里都直撇嘴,认为女人有才又怎样?操守、品行都差得辣眼睛。所以到了清朝,粉丝们就开始嚷嚷了:这不是真的,她写这封信的时候都52岁了,还嫁得动人吗?

说了这么多张可能属于李清照,又不能完全概括她的角色面膜,你觉得又有才、又旷达的李清照如果听到后人的种种猜测和争论会作何反应?

我猜,她会温一壶酒,深抿一口,幽幽地说一句:我早已越过山丘,尔等却还在喋喋不休。

## 9. 双手始终是感知世界的存在

> "一半在尘土里安详，一半在风里飞扬；一半洒落阴凉，一半沐浴阳光。"
>
> 关亮

著名演员林青霞曾出过一本书，叫《窗里窗外》，里面有这样一句话。

我们曾经约好，她带我一起流浪，一起旅行的，但最后她却步了，理由是我太敏感，很容易读出她的心事。

她说的，就是三毛。

1991年1月4日早晨7点钟，台湾荣民总医院医护人员早班查房，三毛不在病床上，医护人员查看浴室，才发现三毛的身子半悬在马桶上方，一条咖啡色丝袜紧紧勒着她的脖子。她就这么去世了。

三毛在杂志上见到沙漠，拎起行李就踏上了征途。在马德里大学，她遇到一个西班牙男人——荷西。这个男人让三毛等他六年,六年后,他们真的在一起了。说走就走的旅行,奋不顾身的爱情,说的不就是三毛吗?三毛的父亲陈嗣庆曾这样讲道:我女儿常说,生命不在于长短,而在于是否痛快地活过。我虽然心痛她的燃烧,可是同意。

三毛没有留下任何遗书。她写的每本书,都是她的遗书。许多人知道她的《滚滚红尘》,知道那句"每想你一次,天上飘落一粒沙,从此形成了撒哈拉"。我最喜欢的,是后人整理的作品集《稻草人手记》,里面有十五篇散文,每一篇都真实自然接地气。读完你会发现,原来三毛还是段子手、自黑王。

三毛跟荷西的婚礼,就是去法院登了个记,双方家长都没有出席。三毛觉得,婆婆一定恨她恨得要命,把自己家的宝贝儿子拐到非洲去了。她觉着理亏,就一直坚持给婆婆写信套近乎,婆婆却一封信都没回。丑媳妇总要见公婆,有一天,荷西就提议了,说咱得回西班牙看看咱爸妈了。

《稻草人手记》里有篇散文《亲爱的婆婆大人》,写的就是三毛与婆婆相处的趣事。

三毛是这样写的:

我和婆婆都是女性,我不但知己知彼,尚且知道举一而反三。看看自己如此小人,想想对方也不会高明到哪儿去。

你看过你婆婆坐在公公膝盖上吃蛋糕吗?一定没有吧。所以,我在婆婆面前,绝对也不去坐在荷西膝盖上,也不去靠他当椅垫,更绝对不可以亲他,这是死罪。

三毛在婆家,把自己伪装成了一个热爱劳动、满面堆笑的憨厚妇女。她把婆婆当成敌人一样防备,不敢对荷西撒娇耍赖,也不敢半夜离家出走,就怕婆婆抓住小辫子,一怒之下掐死她。终于熬到了要告别的日子,三毛如释重负。

在书中,三毛这样描写了当时的场面:

婆婆,一听车来了,再也忍不住,果然拼了老命箭也似的撞过来,我立定不动,预备迎接狂风暴雨似的耳光打上来。我闭上眼睛,咬住牙齿,等待敌人进攻。哪知这敌人将我一把紧紧抱在怀里,呜咽泪出,发抖地说:"儿啊!你可得快快回来啊!沙漠太苦了,这儿有你的家。妈妈以前误会你,现在是爱你的了。"

这一次,我头也仰得高高的,腰也撑得直直的,奇怪的是,没有什么东西倒流入肚。

我终于杀死了我的假想敌。

文字里的婆婆大部分是"虚写",是三毛用主观的敌意,生生塑造出来的"老巫婆",直到最后告别的时刻,才是这个婆婆的真实形象。通过这篇文章,你能充分感受到三毛的文字天赋。她能动用夸张、想象、反复、引用等各种写作手法,把琐碎的生活、平淡的细节写得妙趣横生,而每一篇散文的创作形式都不重复。

那么,三毛又是如何描述婚姻的呢?在其中一篇《塑胶儿童》中,有这样一段描写:

婚后的荷西,经常对我说的,都是比世界上任何一本"对话录"都还要简单百倍的。

我们甚而不常说话,只做做"是非""选择"题目,日子就圆满地过下来了。

"今天去了银行吗?""是。"

"保险费付了吗?""还没。"

"那件蓝衬衫是不是再穿一天?"

"是。"

许多人讲——结婚是恋爱的坟墓——我们十分同意这句话。恋爱期间种种无法形容的麻烦,经过了结婚的葬礼之后,都十分自然地消失了。

但她又说:

在写回给娘家的信中,寄去披头散发照片,照片居所看似苍凉凄惨如下地狱,实在内心幸福无边如上天堂。

三毛的婚姻生活跟所有普通人一样,柴米油盐酱醋茶。结婚之前,三毛谈过很多次恋爱,从初恋男朋友到日本男朋友、德国男朋友,再到突然去世的德国未婚夫,最后一个,是永远的荷西,是一直到她自己离世,都念念不忘的荷西。1979年,荷西在拉帕尔马岛的海中潜水时遇难。三毛说:"以前的一切感情的纠缠、枝枝节节都不算了,我就变成这样纯洁的一个人,就是他的太太。"

如此深刻的情感，都是朝朝暮暮的平凡相处积累而来的。这个世界上，从来没有空中楼阁的浪漫。三毛，固然有太多诗情画意的名言美句，但最打动人心的，还是她对生活的全情投入。

2016年，首届"三毛散文奖"在浙江举办。有趣的是，三毛本人生前并没得过什么文学奖项。1991年前后，三毛被提名过台湾金马奖最佳原著剧本和香港金像奖最佳编剧，后来，奖杯握在了别人手里。她给朋友写信说"这事我看得很淡"。的确，三毛从不是为名誉而写作。她从不想通过文字证明什么，更不想言传身教地告诉读者怎么生活。她只是热情地给你讲她的所见所闻、所爱所恨。三毛在写作艺术上的最大技巧，就是把心挖给你看，没有一丁点儿的装腔作势。一千个人心中有一千个三毛，如果让我用三个词形容三毛，那就是善良、率真、自由。

三毛是怎样审视自己的呢？

解决一个终极问题吧。

三毛，为什么叫三毛？即使不叫陈平，她也可以给自己取个更美的名字。

她自己说："三毛是一个最简单、最通俗的名字，大毛二毛，谁家都可能有，我要自己很平凡。"

所以，她把自己比喻成稻草人，永远职守麦田，永远像一棵树。"一半在尘土里安详，一半在风里飞扬；一半洒落阴凉，一半沐浴阳光。"

## 10. 婚姻是宿命，也是缘分

> 有人说，金庸老先生擅长"用西方的视角，讲东方的故事"，我倒觉得不必强分东西，他擅长的乃是"用曲笔直笔，直探人心人性"。
>
> 郝彧

"问世间情为何物？直教人生死相许！"一问一答，提纲挈领，有无穷奥妙。

不仅是诗文，也有歌曲唱得好："爱怎么做怎么错，怎么看怎么难，怎么教人死生相随？"答得也好："爱是一种，不能说只能尝的滋味，试过以后不醉不归！"

爱情，不仅是诗词、歌曲永恒的主题，也是科学家的研究新宠。美国心理学家斯腾伯格就提出过一个"爱情三角理论"，认为所有的爱情体验都是由亲密、激情和承诺三大要素构成：亲密是"温暖"的，是心理上互相喜欢的感觉；激情是"热烈"的，是情绪上的深深着迷；而承诺是"冷静"的，是对爱的预期，是爱情中最理性的成分。

我无意站在科学的角度上对这个理论做评判,只愿从感性的角度,走进《神雕侠侣》,去提炼爱情。

你发现了吗?很多经典的爱情传说到了某处必戛然而止,因为作者不敢描摹"王子"和"公主"婚后的生活;有些作品又讲"情不知所起",怕是作者也不知如何交代得清。《神雕侠侣》则不然,书中所及,杨过的一生就是爱情起伏的一生:前有郭芙,后有郭襄,中有各式女子,那他与小龙女的感情,是如何一步一步走向正果的呢?

这要从头说起:杨过自小无父,早年丧母,一人流落江湖,做一些偷鸡摸狗的勾当混口饭吃;十岁出头,被郭靖一家收留在桃花岛,算是开始了衣食无忧的生活,但好景不长……那是后话。

单说在岛上,与千金小姐郭芙朝夕相伴的亲密生活,给他留下了第一个深深的烙印。说感情肯定是朦胧的,但记忆绝对原始:那些斗蟋蟀、插野花的生活细节,若干年后还能唤起杨过的一脸神往。两人看似青梅竹马,但郭芙恃宠而骄、杨过寄人篱下,角色不对等,使得相处不快、大打出手,杨过甚至被扫地出门。可以说,杨过来电的时候,郭芙还不懂来电。多少年后,郭芙又是砍断杨过胳膊,又是在乱军之中给杨过下跪,昔年女孩成长为雷厉风行的女侠时,才知对杨过的那份讨厌,偏偏不是讨厌。

而小龙女的出现则恰到好处。古墓虽然简陋,但给了他一个家；小龙女虽然高冷，但给了他一个家人。屋子越是简陋，就越是朝夕相对；女神越是清纯，就越容易日久生情。

这种由亲密所生的情，也不一般。他们的关系，如母子、如姐弟、如师徒、如伴侣。一声"姑姑"，一个亦母亦妻的角色。这种亲密是超脱于道德的，也给后来两人一起对抗道德礼教打下了坚实根基。在这种亲密关系里，他们用对方补全了自己不完整的人生经历。

杨过在逐渐长大，小龙女却红颜不老，青春的激情没有如约降临。尤其是杨过，可以说是尘缘未了。我们印象里的杨过，是深邃、沉郁、专情而痴狂的，但那个形象其实已经是后期了；在《神雕侠侣》的大部分笔墨里，杨过还是一个成长中的轻浮子弟。有人统计，《神雕侠侣》正面出场的女子之中，80%以上被杨过或言语、或肢体调戏过，也许思想上他不以为意，但心底深处还是以"撩妹"为乐趣的。

带一点点痞子气的野性男，实在是名门闺秀的杀手。比如程英，性格果断、气质雍容、行事稳重、善解人意，一位不折不扣的女君子，却耐着杨过从头到脚的一路调笑，反而对他深情不移，终身未嫁；又如陆无双，原是江南陆家庄的千金小姐，出落得活泼刁钻、机灵可爱，偶遇杨过一样是暗暗倾心，又是终身不嫁；至于公孙绿萼，清秀善良，又是个苦情女子，初识杨过便倾心于他，同情他的遭遇，不惜为杨过换解药而自杀，香消玉殒……

可以说，在各家女孩来电之际，杨过是不能来电的。心有所属是一方面，身有所束也是一面：情花毒、绝情谷，因小龙女而来，又因之而去。杨过的武林历险中，虽然真情留给了各家女孩，但情花毒却让他只能与小龙女相连。在这儿，"激情"二字被物化成了毒，既是一种提醒，又是一种约束。

在《神雕侠侣》中，悲剧意味从小龙女失去童贞开始，到杨过失去手臂暂停，两人的共进退甚至是超脱欲望的，环环相扣，又为下一次异地独守打下了根基——他们从对彼此的理解中，找到了另一半，作为个体的互补。

不但敢写青梅竹马、情欲焚身，金庸老先生还敢写"王子"和"公主"婚后的生活。为了不连累丈夫，小龙女跳崖留绝笔："十六年后，在此相会，夫妻情深，勿失信约。"作者的笔墨也跟着，一跨就是十六年。

这时的杨过已在痛苦中成长，在岁月里成熟；而当初怀抱的小婴儿，郭靖家的二姑娘也已初长成。她与神雕大侠杨过的情愫可谓又是一绝，她为之殉情、为之默叹、为之远走天涯。"一见杨过误终身"，令多少读者唏嘘。但仅仅是三根金针的承诺、一次生日的大礼，又怎么能抵得上"别期若有定，千般煎熬又何如"的生死承诺呢？

郭襄真的来电了，但杨过是真真切切地不愿来电。这一大截，小龙女索性没什么篇幅，但这才是她最重的篇幅，她一直活跃在神雕大侠杨过的日夜思念里，因为她的承诺、他才有活下去的勇气。从这个意义上说，行文至此，神雕侠侣彼此已然成为灵魂的共同体，他们是彼此的信仰。

幼年亲密，古墓里朝夕相对；少年激情，身中情花毒，甜美苦涩百转千回；成年承诺，狂傲的历尽千山万水，冷清的长留绝情谷底。这就是神雕侠侣的一生——巧合中更是性格使然。

有人说，金庸老先生擅长"用西方的视角，讲东方的故事"，我倒觉得不必强分东西，他擅长的乃是"用曲笔直笔，直探人心人性"。二十世纪科学家的理论——亲密、激情、承诺——我们的先人，早有过一样的思量。

"天南地北双飞客，老翅几回寒暑。"——天地双飞，寒暑与共。这说的是不是亲密的陪伴？

"欢乐趣，离别苦，就中更有痴儿女。"——悲欢离合，一个痴字。这蕴含的是不是无限的激情？

"君应有语：渺万里层云，千山暮雪，只影向谁去？"——千山万水、形单影只，只盼你能告诉我。这有无为承诺翻飞的意味？

我们一直所念的这首《雁丘词》，因一双飞雁得名："获一雁，杀之矣。其脱网者悲鸣不能去，竟自投于地而死……葬之汾水之上，垒石而识，号曰'雁丘'。"

最后一句是："千秋万古，为留待骚人，狂歌痛饮，来访雁丘处。"大概那儿，便有爱情的模样。

## 11. 社交中，圆融的魅力

> 那种共同的背叛与皈依，我以为，是平凡的、是唯美的，也是"倚天屠龙"里最高傲的。
>
> 郝彧

**先**来看一位人物的简历。

他生于正邪大纠葛之中，长在冰火两重天之下；十岁父母双亡，身患绝症；有医疗救助、野外生存、海外游学以及到偏远山区做志愿者等丰富经历；二十岁一战成名，出任"CEO"、迎娶白富美，走上人生巅峰；两年内扶摇直上、傲视群雄，却于事业巅峰时急流勇退。虽然他早已退出江湖，但江湖上还流传着他的传说……

他闪耀于元朝末年、活跃在金庸笔下，作者本人对他的评价是："侠气最重、豪气干云的谦谦君子。"他的武功集各家之长，很可能是金庸笔下的最强主角，甚至有报道称，"是作者最想成为的人物"。不错，我们说的正是《倚天屠龙记》里的明教教主张无忌。

作为"射雕三部曲"的终结篇,《倚天屠龙记》闪耀着独特的圆融魅力。在我看来,"射雕"二字是英雄的符号。第一部《射雕英雄传》描写的郭靖诚实质朴,是绝对的正统英雄;第二部《神雕侠侣》塑造的杨过深情狂放,是个处处叛逆、时时抗争的反叛英雄;而第三部《倚天屠龙记》刻画的张无忌,则是宽厚大度却也复杂软弱的凡人英雄。

带着这样的框架去搜寻,书中处处是圆融的证据。

看书名:"倚天"二字正大庄严,暗合了"射雕"的"正";"屠龙"二字狂傲血性,暗合了"神雕"的"反"。"倚天屠龙记"则是"正反"相加的"合"。

看背景:"射雕"是"东邪西毒南帝北丐中神通"的五绝时代,英雄辈出,格局传统而平衡;"神雕"是"东邪西狂南僧北侠中顽童"的后五绝时代,新旧交替,戏谑和叛逆的新生力量萌动;到了"倚天屠龙",时局动荡、魔教横行,名门正派里,少林闭关自守、峨眉倔强不通、武当心高气短,余者多是蝇营狗苟之流,这更像是个英雄陨落的时代,好叫凡人成名。

看出身:"射雕"里的郭靖是忠良之后,母亲刚毅,师父传统,性格基准是正气的;"神雕"里的杨过,父亲饱受唾骂,带着几分野性与邪气;"倚天屠龙"里的张无忌,则是名门高徒和魔教堂主的结合,在冰火岛成长到十岁,是正邪交织、冰火相容的产物。

看成名:郭靖成名于降龙十八掌,掌法讲究稳扎稳打,全凭内力催动,走阳刚路线;杨过成名于黯然销魂掌,掌法沉郁顿挫，颇受情绪影响，是低沉阴郁的路线；而张无忌的乾坤大挪移，颇有遇强则强、通融回转、绵延不绝的意味，这也正是凡人的功法。降龙太亢奋，销魂太黯然，而不卑不亢、平平淡淡，让武功版图涌现出了第三条出路，不也是真实生活的写照吗？

看结局：郭靖的正直，让他献了青春献子孙，与襄阳共存亡，所谓"侠之大者，为国为民"；杨过的孤傲，让他路见不平时会全力相助，但绝不允许自己深陷其中，终于"神雕侠侣，绝迹江湖"；而张无忌则是怀着赤子之心，行着悬壶济世之事，有着"号令天下"的地位，却忽而转向为佳人一生画眉的生活。

不过话又说回来，张无忌说到底只是一位实干家，最多是个企业家，却无论如何也不是政治家。金庸先生在1977年的《倚天屠龙记》后记里说："张无忌一生只重视别人的好处，宽恕（甚至根本忘了）别人的缺点；……这样性格的人任他武功再高，终究是不能作政治上的大领袖。"因此，与其说张无忌放弃了皇位，还不如说他成就了皇位。

张无忌不是好领袖，但可以做我们的好朋友。当我们谈论好朋友的感情时，也不必留情。他没有杨过的痴狂，没有郭靖的专一，甚至没有韦小宝的坦荡。这种男人心迹，在原书第二十九章《四女同舟何所望》里，张无忌以一场春秋大梦的形式打量了四个想要嫁给他的姑娘：丫鬟小昭、峨眉周芷若、表妹殷离以及蒙古郡主赵敏。

为什么张无忌对四女各个不忘，又为什么最终选择了赵敏呢？张无忌想不清的问题，我来帮他"八卦"。

与小昭的爱，是激情之爱。小昭本是"金花银叶结出的苦果"——金花婆婆与银叶先生不顾禁忌所生。肩负着家族卧底偷经的使命，背负宗教不能失身的枷锁。初逢张无忌，又是密道，又是炸药，险象环生，也显出了做丫头、做奴婢的奋不顾身。

　　与周芷若的爱，是承诺之爱。她美若天人、武艺高强、地位显赫，与张无忌互生爱慕。但礼教所束，少了没大没小的激情；秘密太多，少了心心相印的亲密。她是个不容易亲近的人，一身铠甲都给不了自己安全感，只能用承诺捆绑，一生都想要抓住些什么。

　　与殷离的爱，是亲密之爱。小张无忌咬了她一口，咬在了心上，再相逢已是少年。西域大漠之中，同生共死；海外小岛之上，仁义交融。对着少年张无忌，她含笑说："你是个好人。不过我对你说过，我的心早就给了那个张无忌啦。我要寻他去。我若是寻到了他，你说他还会打我、骂我、咬我吗？"此处最让人心酸：人生若只如初见。

　　激情之爱，最终"东西永隔如参商"，小昭远赴波斯，是生离之苦；承诺之爱，最终"新妇素手裂红裳"，周芷若遭遇悔婚，忧郁自伤，是求不得之苦；而亲密之爱，最终"不识张郎是张郎"，时光抹去了什么又割裂了什么，殷离满怀希望地踏上了没有结果的寻找旅途。

　　这也是凡人的无奈，仿佛冥冥中有一种力量：激情的叫它分开，承诺的叫它懊悔，亲密的叫它对面不相识。有一种爱情三角理论，说唯有激情、承诺、亲密共存，才是完美的爱情。

那么张无忌和赵敏的爱，该算完美了吧？

论激情，绿柳山庄山清水秀，地牢之中局限空间，脱鞋除袜一步到位，阴差阳错给了一个心跳加速的开端；论亲密，一路上夺宝救人，东奔西走，处处都有感情升温的条件；至于承诺：赵敏在二人敌对之下，用威胁换得的三个条件，一个胜似一个……

作者说："事实上，这部书情感的重点不在男女之间的爱情，而是男子与男子间的情义。"我深以为然，《倚天屠龙记》里面的爱情并不美丽，唯有真实。

我们看到的赵敏，心有城府而性情洒脱。其实，能放弃的，她都放弃了，不能放弃的，她也放弃了。当我们慨叹张无忌错过号令天下的机会，甚至苛责他要美人不要江山时，想想赵敏，她又何尝不是放下了锦衣玉食，甚而抛弃了家国种族？

那种共同的背叛与皈依，我以为，是平凡的、是唯美的，也是"倚天屠龙"里最高傲的：手能屠龙，也能一生为你画眉；身可倚天，更愿在你手掌之中。

## 12. 打扮,为了你心中渴望的生活

> 有时候我们对穿衣打扮感到非常的困惑,但大部分人的反应不是直接面对它,而是选择躲避甚至逃走。
>
> 涂梦珊

2018年有一部热播电视剧《北京女子图鉴》,戚薇在里面扮演的女主角陈可遇到了这样一个场景:她刚刚毕业要去面试,因为不会穿搭,所以就接受了别人的穿搭建议。这非但没有让自己获得好感,反而引出了一连串的糟糕境遇。当我看完了一遍《北京女子图鉴》之后,印象最深刻的就是女主角陈可的穿搭形象一路升级。

后来我慢慢感受到了陈可内心发生的变化。陈可由一开始只是为了各类场合而打扮,到后面她转变了打扮思路,开始为自己渴望的生活而打扮,这其中给她带来的成长是完全不同的。陈可的改变和我今天要分享的这本书《改变你的服装,改变你的生活》所呈现的核心理

念完美契合：只有当你为渴望的生活而打扮时，你才能够掌控服装。

你可能会觉得这是一本关于时尚穿搭的书，其实不然，这是一本教你通过服装去观察，通过服装去改变你和外部世界关系的书。

作者告诉我们：你的穿衣风格会说话。在电视剧《北京女子图鉴》里，陈可遇见网络公司副总裁顾映真时，顾映真当时所穿的那套衣服，在开口之前就已经替她自己说话了。顾映真的服装透露着一股女强人的味道，优雅大气的焦糖色大衣，搭配墨绿色的丝巾，再配合着得得体大气的谈吐，让她有分量又不失亮点。在那一刻，陈可在心里面暗暗地告诉自己，顾映真的生活状态就是自己想要的。从那以后，随着剧情的发展，你会发现，陈可原来的"毛衣+娃娃领衬衫"渐渐不见了，取而代之的是"纯色连衣裙+极简的衬衫"。因为她渴望的和想向别人传递的正是和顾映真一样的状态。

衣服是我们展示给外界的一面镜子，我们的服装能表现出来我们的自信、紧张、成功、落魄等各种状态。当别人第一次见到我们的时候，我们还没有开口，服装就替我们说话了。因此，不要只是想到为场合而打扮，要想到在这个场合里面，你要向别人说明你是谁。

在这一章里面，作者介绍了一个叫"为胜利而穿"的慈善机构。这个机构做慈善的重点不是捐钱捐物，而是通过改变贫困女性的服装，来帮助她们改变职场生活。这是一种全新的做慈善的方式，帮助很多女性改变了自己的一生。同样的方式，我以前还读到过另外一则报道。

原本在广告公司工作的 Max Pazak 和 Kayli 共同创办了一个商店，这个商店叫 The Street Store。之所以叫这个名字是因为他们的商店开在大街上，里面陈列的物品是人们捐赠的服装和鞋子。虽然这些服装和鞋子都是旧物品，但是他们却把这些服装熨烫得整整齐齐，挂在衣架上，鞋子放在地上的鞋盒里，一字排开，让每一件物品都像新的一样等待被挑选。当物品被挑选出来后，店员们还会亲自用牛皮纸袋精心包装好，把它交给挑选它的人。在这个商店里面，没有因为贫富差距带来的怜悯和尴尬，相反，他们用这种创意的方式，把平等的温暖和尊重带给了需要它的人。一些连衣服都没得穿的穷人，和一些正需要衣服去改变生活的人，流下了激动的眼泪。一位挑选到合适衣服的老爷爷说："从今天起，就要打起精神来生活！"因为这些服装让他们看见了一种渴望的生活。

从这两个故事当中，我们切切实实地感受到了服装的重要性。那如何在日常生活中提升自己的衣品呢？秘诀就在于重视日常搭配。因为生活并不是由一堆重要活动组成的，生活是日复一日的日常事务，只有重视日常生活里的穿衣打扮，才能帮助你不断提升时尚嗅觉。日常打扮的诀窍就在于买衣服时一定要有严格的挑选标准，否则，就会造成衣橱混乱不堪。

让自己的衣服越来越完美并非以价格为判断，而且遵循作者给出的七大挑选法则：

第一，把颜色当成指导。

第二，考虑全身的衣服。

第三，寻找上乘的面料。

第四，不要急于评价。

第五，记住自己的身形。

第六，选择有趣的衣服。

第七，大量地试穿。

这七大法则将帮助你渐渐学会挑选出适合自己的完美衣服。

作者提醒我们，衣橱不仅仅是客观的存在，而且是一个有生命的生物体，它需要你的时常照看、关心，这样它才会反过来影响你的生活。旧的不去，新的不来。我们还要常常对衣橱进行"断舍离"，因为清理旧物品会让你一步步接近渴望的生活。如果你希望自己成为一个打开衣橱随便搭配都很时尚的人，你可以用好以下这七个准则，时时进行衣橱的"断舍离"。

第一，衣服要合身。

第二，衣服能够凸显你的特点。

第三，衣服不能变形。

第四，衣服不能过时。

第五，注意你最近没有穿过的衣服。

第六，注意那些穿起来让你感觉不错的衣服。

第七，再问问自己，它表明了什么？

最后一个自问尤其重要。比如在《北京女子图鉴》的剧照中，顾映真很多造型都是纯色衬衫搭配裙装或者裤装，再搭配一条小丝巾这样的饰品来给自己的整套服装加分，这种穿搭就给人传递了一种精英女性的形象和气场。这一点也和这本书的理念相吻合，衣橱是连接你的内在世界与外在世界的地方，衣橱的状态不仅说明了你对衣服的看法，更说明了你对自己的看法，影响着你给外部世界留下的印象。

虽然从表面上看这是一本教人穿搭的书，但实际上作者的用意却是以一个朋友的身份来告诉我们，如何通过服装进行自我的认知和升级。在这本书的末尾有这样一段话，呈现了作者深刻的洞察。

有时候我们对穿衣打扮感到非常的困惑，但大部分人的反应不是直接面对它，而是选择躲避甚至逃走。虽然心里面我们会知道自己做得不对，但我们还是选择了逃避。逃避是人的本性，但它并没有带来最终的解决办法。鸵鸟政策不起作用，何不让自己正视问题和自己的缺陷呢。从服装开始，让生活中的恐惧和消极消失吧。从现在开始，打扮不仅仅是为了场合，更是为了你心目中渴望的生活。

## 13. 好好吃饭，吃饭即艺术

生活是为了吃饭，还是吃饭是为了生活？

涂梦珊

**如**果我告诉你，有一种新的生活方式能帮助你建立起更高的道德标准，并且不需要你付出过多的成本，你只需要从一日三餐中重新做选择就可以了。你会不会很好奇如何吃出这种效果呢？

我要和大家分享一本书——《吃的美德》。读到这个名字，也许你会认为它或多或少会和怎样做饭产生关系吧？但它并不是一本食谱，它的作者是英国人朱利安·巴吉尼，是一位哲学家。在哲学家眼中，食物是促使我们重新思考的载体。

这个载体将帮助你认识到自然、商业和你自己的胃是一条连贯的链条。身处其中的我们，只需要通过对这条链条做出更公平的思考和选择，就能够建立起更高的德行。

在本书中,作者把吃分成了四大议题:搜集食物;烹饪;不要这样吃;好好吃,食物即艺术。通过这些议题重新思考和自然的关系,和其他动物、人的关系以及和我们自己的关系!

**议题一:搜集食物。**

我们可以做一个自测,回想一下你今天的午餐里面有多少种食材?你了解这些食材的生长规律和产地来源吗?这些食材是通过什么样的销售方式出现在你的餐桌上的呢?

如果你回答不上来,请把眼睛投向我们一日三餐当中所吃的食物,这绝对是一个在日常生活当中持续培养智慧的有益习惯。作者发现,你一旦决定了怎样吃,就决定了自己要过什么样的生活,耐心之下才有真正的自由和清醒!

比如,作者对咖啡这种食材深入了解之后发现,只要我们重新选择习以为常的食物,就能帮助世界变得更好!

你有没有发现,现在有一些咖啡店的袋装咖啡豆包装上印了"公平贸易咖啡"(Fair Trade Coffee)的字样。

那么,你知道什么是公平贸易咖啡吗?这个新奇的概念里,包含的就是咖啡的"吃的美德"。

很多人都认为一杯咖啡里面最贵的成分应该是咖啡豆,但其实咖啡豆是最便宜的。也就是说咖啡是暴利的,它是贸易额仅次于石油的全球第二大大宗商品。一杯25块钱左右的咖啡中,咖啡豆的成本大概只占1%。这就意味着,这些来自第三世界的咖啡农们,用自己的血汗换取的是微薄的收入。因为在资本面前,他们别无选择,要么卖掉他们的咖啡豆,要么眼睁睁地看着豆子烂在地里,失去一切!

在纪录片 *Black Gold* 的里面有一句旁白是这样说的:"我们不需要西方世界的援助,也不愿意我们的孩子看见我们在接受施舍,我们有咖啡,完全可以靠自己的劳动生存,只要能给我们一个公平的价格。"

在这里,作者朱利安就给我们分享了这个概念——公平贸易咖啡,指用公正的价格直接和当地的咖啡农进行交易,以更负责任的商业形态保护生产者的劳动环境,减缓贫困。

所以,每当你选择买一杯"公平贸易咖啡"时,也就意味种植出这些咖啡的农民,已经获得了合理的报酬,没有遭到严重的剥削。你选择了一种让世界变得更美好的消费方式——用一杯咖啡,喝出美德!

**议题二:烹饪。**

在这个部分当中,作者要启发我们去思考丢掉食谱的意义。

同样的食材,不同的厨师会做出不同的口味,因为他们都在通过不同的角度去看生活和人生。烹饪的终极艺术,并不是去复制循规蹈矩的传统,而是尝试让自己的创意融入其中。如果只是遵照着食谱进行烹饪,那我们就是在照本宣科。一旦确定了一成不变的指示,就减少了自己做决定的需求,从而削弱了自己的技能和判断。

"照本宣科就是判断之死。"作者说道。

尊崇食谱意味着实践智慧的丧失。现代世界为了追求一致性，逐渐用成文的规则代替了个人的判断。规则成了"铁板"，盲目套用在各种事情上，虽然看起来公平，但是却把做出良好决策所需要的个人判断元素给抹杀了。这种对待食谱的态度会一路朝食物链往下开始传播，个人判断也会因为忽视而慢慢消亡。

丢掉食谱从而唤醒你的个人判断，就是烹饪中的重要美德。

**议题三：不要这样吃。**

在日常生活中懂得自我管理的人，才是真正意义上的自由人。在这里，作者分享了一个自我管理的明线规则。所谓明线，就是绝对不能越过的界限，消除你的自由裁量。比如减肥这件事，因为运动员和裁判都是你自己，所以你很容易因为进入自由裁量的状态而宣告失败。

怎样划出管用的明线呢？

一开始我们总会给自己定出过于严格的明线，告诉自己规则必须遵守，违反一次就算破戒。而一旦纵容自己放松一次，薄弱的意志加上自欺欺人的天性就会结成联盟，让自己产生自暴自弃的想法。比如一抽烟，就抽完一整包；一喝酒，就喝完一整瓶；一吃蛋糕，就吃完一整块。

我们需要时常自问"够了吗？"随后一定要有"已经够了"的信心。建立起"这些是规矩，我必须遵守"的明线，从而避免各类微不足道的小选择积累起来破坏大局。

靠着划定清晰的明线，进行全面判断，对吃保持主动意识以让计划成功达成。这就是吃的美德!

**议题四:好好吃,食物即艺术。**

每一餐饭都是一段光阴,哪怕是在最糟糕的时候,食物也会提醒我们,平凡的生活依旧很美好。

在我的生活中有一道最美的菜——樱桃肉。有一次在科学会堂吃晚餐,我点了一份红烧肉。其实红烧肉我吃了好多次,但那一天因为放慢了速度,下定决心慢慢吃、好好吃,所以开始观察和思考起来,发现这道菜和我奶奶做得不一样。哪里不一样?肥瘦的比例不同,奶奶做的肥肉多,瘦肉少。至于为什么肥肉多,读了些书,有了体会才明白。奶奶的父亲去世早,奶奶成家后养育五个孩子不容易,又坚持让每个孩子都读书,自然生活拮据,不经常买肉。买了肉,总要把生活的智慧和勤俭的极致发挥出来,选肥的部分多,挂上一点点瘦肉,但又要让肥的口感做出不腻,所以她花了很多心思,沉淀出了私房的手艺。

奶奶做樱桃肉时总会提前把握好时间,把肥肉部分的多余油脂熬制出来备用,只留一成的油脂在菜里,保持它的糯度。然后,用一个上午的时间,清洗、切摆、上火、炖煮、配料……一步工序、一个角落,都不含糊。放学回家,总记得她会在最后一手轻轻洒下两颗冰糖,然后,就看到熬制的味汁适度凝结,变得晶莹。奶奶端上来,眯着眼睛慈祥地笑着说:"这个菜,叫樱桃肉。"她用富有情趣的语言给平凡的生活增添了吃的乐趣。

再后来,我学会了这个手艺,心甘情愿地花上一个上午慢慢做和慢慢吃。每一次它都让我回想起那个时代的女性投入食物中的智慧：量入为出，积微成著。

　　这本餐桌上的哲学思考书通过食物向我们传达，吃的时刻，正是我们整理思考的时刻，时而回味、时而自勉：妥善传承祖先留给我们的遗产，不挥霍浪费，也不僵化守旧，对当下的常识多一份批判。这就是每天餐桌上告诉我们的事，也是我们决定要买什么食物、吃什么食物时真正应该考虑的事。

## 14. 没时间，也可以好好生活

> 立即行动，做了就是进步。
>
> 张铃

千百年来，人们似乎有个固有的信念，女人要以家庭为重。一部分女性也理所当然地认为，女人一旦有了家庭和孩子，就得在事业和家庭中做出取舍，大多数女性放弃事业回归了家庭。当然，也有一部分女性顶着各种指责成为女强人。家庭、事业和梦想真的不能兼得吗？

在回答这个问题之前，我先给大家算一笔一个有孩子的职业女性每天的时间账。

每天早晨6点起床，洗漱、做早饭、送孩子上学，之后去公司开始一天的工作；9点上班，5点下班，接孩子回家，做晚饭；吃完饭陪孩子玩会，安排孩子洗漱；如果孩子大一点，已经入学，妈妈可能还需要辅导孩子写作业；等孩子睡下，自己收拾好家务，能安静坐下来的时候一看表,已经接近 11 点了。

很多妈妈说,我很想看看书,我很想做点自己喜欢的事,可这么晚了,我明天还得一大早起床去工作呢,算了吧,还是睡吧!就这样,她们日复一日地重复着繁重又无奈的生活!

有这样一本书《就因为没时间,才什么都能办到》。没时间,还什么都能办到?这怎么可能?本书的作者吉田穗波女士,是日本的一位妇产科医生,大女儿一岁的时候得了肺炎,她每天疲于工作还要照顾孩子,累得喘不过气来。这和我们很多当了妈妈的职业女性一样。但她还想去哈佛留学,怎么办?她说,想要改变现状,只能积极提升自己的状态。

后来,她上着班,带着两个孩子,肚子里还怀着一个,用半年时间从申请到被哈佛大学录取,留学两年生了老四,后来出了这本书,又生了老五。起初我觉得这本书肯定就是标题党或者虚构的,但当我仔细读了她的每个日常点滴后,我被她感动了!

作者并不是学霸,她的方法人人都可以借鉴和学习,但重点是,你需要转变一些对时间和人生的信念。如果你有梦想,但总没时间;如果你不甘心就活成一个黄脸婆,但不知道如何改变……不妨听我继续讲,作者办得到的,你也一定办得到!

一生太短,如果按照顺序一件件做,不够实现那么多梦想。儿女成群、家庭幸福、工作、留学,作者都想要。如果换作一般人,可能会先留学再生孩子,或者等孩子大了再去留学。所以**作者的第一条伟大信念是,别考虑"or"去选择,看有没有"and"同时做的方法。**她备考和生第三胎的时间完全重合,她没考虑先做哪件事，而是两件一起做。工作、备考、带娃，几种模式随时切换和融合，想"and"才能不浪费每一秒时间，而且整个过程都更积极、开心。

**信念二，张罗情绪比张罗时间、金钱更重要。**

控制情绪，激发斗志就是节约时间。考试前作者大量拜访教授、学长，去哈佛研究所和教授探讨课题；去课堂、餐厅、厕所、宿舍，想象第二年就真在这里读书生活了；去现场触碰自己的感受，激发自己对梦想的渴望，把"斗志开关"打开。

有学员跟我说："以前我单身时一周去一次美容、一次健身，结婚后两个星期去一次，自从有了孩子，我两三个月都不去一次了。体检都嫌没时间，我还哪有时间去健身、美容啊。我现在比以前肥了二十斤，女人啊，上了三十几岁就上班养家带娃吧。"

我说，亲爱的，先别放弃！我自己就是运用作者张罗情绪的方法成功减肥的。我小孩断奶的时候我比之前胖了三十斤，我每天都要试我最贵最漂亮的旗袍，想象自己重新穿进去有多美。就这样，我不吃任何减肥药，三个月瘦了三十斤。没时间、没钱，都是我们给自己找的借口！你对目标有多渴望，热情就能持续多久，只要你抱着"一定要达成目标"的决心，时间自然会跑出来。所以，情绪动力是关键！

**信念三，先踏出第一步，之后见机行事。**

我们从小听大人教"人无远虑，必有近忧"，但过多的忧虑会让你止步不前。很多人一辈子从来没有做错任何事，但也没有做过任何事。作者去留学，孩子住院需要照顾、上托儿所的费用贵得吓人、申请奖学金多次失败、快毕业了才被告知学分不够……每一个困难都那么棘手。如果她事前都想到了，决定先存几年钱再去，或者等孩子大点再去，也许就去不成了。我们的人生轨迹大多数就是这样，想得越多，做得越少。不是因为某件事很难，你才不想做；而是因为你不做，才让这件事变得很难。

作者说："我一天哪怕就记了一个单词，看了两页书都该庆幸。"另外，她每天晚上8点多和孩子一起睡觉，凌晨3点起床，这样就挤出3小时完整的不被打扰的学习时间；她坐车时填申请表，洗碗时练听力，上洗手间、等车时思考怎么回邮件、写论文，这样下笔时就可以很快完成。

是的，别被困难吓倒，别等所有条件都成熟了再起步，直接动手就对了，办法自然会在行动中慢慢出来。

**信念四，不要让常识偷了你的时间。**

作者说的"常识"是指大众的惯性思维和看法。比如日本主妇一定要很会做家务，清洁、做饭、带孩子，亲力亲为才叫好。但作者说规矩是自己定的，别用别人的常识毁了自己的生活！于是，吃饭，周一、周三请保姆做，周二、周四吃前一天的剩菜，周五吃微波简餐。别人也许会说"这女人太懒了"，作者却说，帮孩子选择吃什么才健康比饭菜是自己做还是请人做更重要。洗澡，她说冬天不用天天洗澡，常识可能会说"这太脏了"，但作者说如果时间来不及，孩子们早睡早起更重要。打破别人的常识，才能积极达成自己的梦想！

**信念五，放弃完美主义。**

如果想多元利用时间，那就把"非要完成，一定要完美"改成"做一点是一点"。有一次，作者很想参加一场晚上 7 点到 9 点的读书会，但她必须在晚上 8 点前回家带孩子。去一会就得走，你还会去吗？很多人可能不会去，但作者选择听 40 分钟再回家。不做，收获是零，而做一点就有一点的收获，40 分钟的收获比完全没去强太多。

要同时进行多件事情，还要顺利成功，诀窍就是，做好有可能乱成一团的心理准备。

作者的经历和以上五点信念告诉我们：遇到选择，想办法同时做；让情绪成为梦想的助力；立即行动，做了就是进步；不活在别人的常识里；放弃追求完美，你一定可以更好地经营和管理自己的人生。

请记住，女人的价值并不是牺牲自我去换回什么，而是把自己经营好，不断提升自我，个人、事业、家庭都开花。这样你爱的人会更爱你，以你为傲！

## 15. 把每天都过成特别的一天

> 我们总以为来日方长，其实时间真没有我们想象的那么多。
>
> 张铃

2016年，一位年仅29岁的北大历史系女博士得了渐冻症，她留下遗嘱说要捐献遗体。"一个人活着的意义，不能以生命长短作为标准，而应该以生命的质量和厚度来衡量。"当她身边的人都在为她悲伤时，她却如一缕冬日的阳光温暖着他人。

人，终有一死，如果你是那个生命垂危的人，你希望如何度过最后的时光？如果你的亲人即将离开，你希望他用什么方式与你告别？如今，一部分人在生命的最后一两年甚至几个月花光了一生中大部分的储蓄，生病治疗，身上插满各种管子，无比痛苦地去世。这可能是现在最容易被我们忽略的幸福难题。我在想，人生的尽头非得是灰暗的吗？它能否成为美好的时光呢？

这是我读《追逐日光》的感思。作者尤金·奥凯利是世界最顶尖的会计师事务所毕马威的首席执行官，他在这家公司兢兢业业工作了 30 年才坐上这个位置。刚上任 3 年，年仅 53 岁的他却被确诊为脑癌晚期，最多还能活 3 到 6 个月。这本书是他人生旅程中最后的告白，记录下了他迈向终点的每一天，写满了他幡然醒悟后对宿命的理解，他对生死、爱、成功、精神和人生价值的不断追思。

作者在生命最后的时光里选择了一种怡然的状态，甚至用欢欣的态度来面对死亡，他称之为"礼物"。在他看来，自己比那些毫无预兆而突然死亡的人幸运多了，他们从来没有机会重新认识自己，而他至少还有 3 个月的时间去思考死亡和生命的真谛，积极面对当下的时光。他没有选择痛苦的手术或者化疗，他放下公事，开心地和家人、朋友在一起，回忆曾经共同度过的美好时光。他说，如果不是这份礼物，如果他能早一点感悟到这些，也许他的人生会更幸福。可惜，人生从来没有如果。

人生，由一次次无法重复的选择组成。我们每个人都在自己完全无法选择的时间、环境和人物关系的情况下出生，上了这列永不回头的列车，而所有人的终点站都一样，叫作死亡。既然起点和终点我们都无从选择，中途最多也只有两万多天，那旅途你想怎样度过？以怎样的姿态下车？面对死亡，你会哀伤、懊悔和恐惧吗？如何能不留遗憾呢？唯有自己把握好其中的每个站点和每个拐点。

尤金在收到死神的最后期限时，开始策划与他人的美好告别。他用同心圆总结出了自己的人际关系图,由外到内分别是:分享过自己经历和激情的人、让彼此生命更精彩的人,往里是亲密的商业伙伴,再往里是一辈子的朋友,再往里是亲密的亲人,最核心是女儿、妻子。他打算按从外到内的顺序跟这些人告别,但惊讶地发现最外围居然有1000人之多,越接近同心圆核心,人数越少。经过分析,他才惊觉自己以前花了太多精力去维护外围的人际关系,却忽视了对他来说最重要的亲人、孩子和爱人。

是啊,有多少人和作者一样,牺牲晚上、周末、节假日这些和家人共处的时光去工作,即使难得有空闲的时间,也在写总结、做规划或者学习,问他们为什么,他们会说这不都是为了让老婆、孩子、父母过得更好嘛。而到了生命的最后时刻,他们又后悔不已。

《追逐日光》这本书饱含深情,从作者的文字里我看到了他的灵魂之旅,他的淡定、坚强和对人生的体悟带给我无比的鼓舞和力量。好庆幸,我们在还健康的时候就看到了这本书;好庆幸,我们还来得及去做最有意义的事。亲爱的朋友,是时候去反思一下自己的人生了!

著名企业家李开复先生曾在51岁时患了淋巴癌,因为生病,他有机会完成了一次对生命的追问——"除去虚名和成就,我的人生还剩下什么?"他忏悔母亲生病的时候自己陪伴得太少,他说:"直到我自己面对死亡,我才知道自己过去是多么冷漠,用多么敷衍的方式来表达'人们口中的孝顺'。当我徘徊在生死边缘时,思考的不是工作,而是家人。家人给予我无私的爱,我真应该珍惜缘分,学会感恩和爱!"

近些年,我们频繁地听说一些三四十岁的中年人猝死或者患癌去世的消息。遗憾的是,人们在参加别人葬礼的时候会感叹,一定要珍惜生命,可往往不超过一周,又一切恢复如常,像什么事都没发生过一样。

看到这本《追逐日光》,也许有人会说:"假如我的人生只剩100天,也会跟作者一样很珍惜,我要跟自己最亲最爱的人度过,和他们去旅行、吃美食、听音乐、看电影,约老朋友聊天……"可我想说,为什么非得等到人生最后100天才做呢?等我有钱了,等孩子大了,等这个项目结束了……等,等,等,人生太多的美好,都毁在一个"等"字上。

我们总以为来日方长,其实时间真没有我们想象的那么多。如果这些是你渴望的,请早点开始做,让生命里有更多特别的一天。甚至,可以让每一天都是特别的一天!

## 16. 世界上没有唯一正确的生活方式

> 永远记得，你呼吸着的每一个瞬间，都应该去过你真正想要的生活。
>
> 李赛男

生活的样子有很多种，每个人要的都不一样。有的人喜欢鲜衣怒马、仗剑天涯的浪漫；有的人喜欢柴米油盐、粗茶淡饭的朴素，有的人喜欢平平淡淡，也有的人喜欢跌宕起伏。著名哲学家罗素说过："须知人生的参差百态，乃是幸福的本源。"生活有无数种样子，每个人有每个人的选择，他们都会得到不一样的幸福。《小小小小的火》就是一本关于生活选择的书。作者说，永远记得，你呼吸着的每一个瞬间，都应该去过你真正想要的生活。

2014年，美国亚马逊票选出100本年度最佳好书，有一位我们前所未闻的华裔女作家，竟然出现在了第一名的位置，超过了村上春树等99位大牌作家。她的名字叫伍琦诗，处女作是《无声告白》，这部作品一面世，就征服了欧美文坛。

而今天要推荐的这本《小小小小的火》，是伍琦诗的第二部作品，不仅被美国亚马逊评选为 2017 年度最佳小说，还被全球 104 家媒体重磅推荐，甚至在美国最大书评网"好读网"获得 10 万多条好评。囊获了这么多的荣誉，这本书到底好在哪里呢？作为读者的我，又被它什么地方打动呢？我想先从这本书的故事说起。

小说围绕着两位母亲以及两个家庭内部之间的故事展开，展现了两种截然不同的人生选择。

一种人生是理查德夫人，她过着体面精致的日子，生活优渥、受人尊敬。她最经典的座右铭是"经过规划的才是最好的"。所以她认为，我们的生活应该按部就班，有体面的房子、稳定的工作、亲爱的丈夫、健康快乐的孩子。

另外一种人生是米娅，她是一个流浪艺术家，虽然做着自己喜欢的工作，但是独自带着十几岁的女儿波尔进行流浪创作。

米娅的童年和人生选择，几乎是理查德夫人最嗤之以鼻的。米娅从小喜欢摄影，但是父母不支持，于是她就一天打三份工赚钱读书，在餐馆兼职偷偷吃剩饭剩菜。甚至为了继续学业，米娅还做了代孕，这才有了女儿波尔。有了孩子以后，米娅也没有稳定的工作，有时不得不做一些刷碗的体力活来补贴家用，而四处流浪的女儿也没有固定的学校，今天在这儿上学，明天可能又在另外一所学校。

两种截然不同甚至相反的人生,作者却巧妙地安排在了一起——米娅租进了理查德夫人的家之后,作者的深意也逐渐显露。

理查德家的孩子,对米娅家的自由生活充满了兴趣,两个家庭的孩子成为朋友、恋人,甚至理查德夫人的大女儿莱克西意外怀孕时,还在米娅那里寻求母亲般的支持和照料。因为莱克西深知,自己的母亲不会接受她这样出格的行为。而米娅家的女儿,也被中产阶级安逸富足的生活所吸引。

书中有一个细节故事,米娅曾带着女儿波尔租住过一间转租房。那间房子里还住了一个和波尔年纪差不多大的女孩,她有着波尔所艳羡的一切,精致的衣服和玩偶,漂亮的艺术照。波尔总会想象那些东西都是自己的。等到她搬走的时候,波尔偷走了她的一只陶瓷小马。母女俩惴惴不安了好几天,然而对方并没有追问。那时候她们才意识到,自己心爱的东西在别人的眼中似乎不值一提。

两个家庭的成员互相比较、质疑、羡慕,但是如果要说谁家的生活更好,作者并没有给出标准答案,只是让读者理解了不同的人生,尊重每个人的选择。

当我看到母女间那份细腻的情感时,作者能以母亲的视角带我回忆从前的时光;看到母女俩因矛盾争执时,我又总能想起当年那个少不更事但同样倔强的自己;看到中产阶级奉行的规矩标准时,我会思考这个社会恒定的成功标准:房子、车子和票子;看到和自己完全不一样的人生过法时,我也会参照自己理解他人。

　　这世界上并不是只有一种正确的生活方式。如果你觉得安于现状是你想要的,那选择安于现状的生活就会让你幸福和满足;如果你不甘平庸,选择了一条改变、进取和奋斗的道路,在这个过程中你也一样会感到快乐。最糟糕的状态莫过于,拥有一颗不甘平庸的心,却庸庸碌碌过完了一生。

　　只要你听从内心召唤,做自己喜欢做的事,过自己想过的生活,那就问心无愧。摆脱他人的期待,做真正的自己!永远记得,你呼吸着的每一个瞬间,都应该去过你真正想要的生活。

# 第二章　思维的重建

## 1. 用勇气突破内心的禁忌

> 总有一天你可以骄傲地说：我曾经一无所有，直至我踏入未知。
>
> 柳舒淇

**提**起灯塔你会想到什么呢？是希望与方向对吗？当我们在茫茫大海中迷失方向时，只要看到了灯塔的光亮，就像是遇见了曙光。

可是在《灯塔》这本书中，灯塔被赋予了不同的含义，它代表着禁锢的枷锁与牢笼。

这是一部来自法国作家克里斯多夫·夏布特的慢镜头图像小说，文字寥寥无几，却有一种"不着一字，尽得风流"的感觉。每一幅画面都像是电影里长镜头的一个定格画面，带给你无限的想象空间。也是一本探讨好奇、想象、勇气和自由的书。

故事发生在大海中的一座灯塔里，灯塔里住着一位相貌极其丑陋的畸形怪人。他的父母去世得很早，因为儿子的长相丑陋，他们非常害怕外界会把他视为怪物而歧视他，于是以爱的名义和出于对儿子保护的考虑，他们将他永远地藏在了这座大海中的灯塔里，与世隔绝。父亲去世前将所有的积蓄都给了船长，请求船长定期来给儿子送食物。同时也给儿子留了一本厚厚的字典，这就成了怪人和灯塔之外的世界联系的唯一桥梁。就这样，怪人带着无罪之身在这所"监狱"里生活了50年。

他的生活是怎样的呢？

这本书当中有大量的通过词汇进行想象的画面，很有意思。看到"蘑菇"这个词，解释为一种菌类，有的品种会寄生在人身体上，于是怪人就想象很多人头上顶着蘑菇走路的样子；看到阿姆斯特朗，解释为第一位登上月球的人，于是怪人就想象挂在天边的月亮上坐着一个人；看到怪物这个词，解释为外貌丑陋，使人生厌的生物，于是怪人缓缓地走到镜子前，悲伤地看了看自己。

虽然他的周围空无一人，但是他的内心却并非空无一物，他有一条与他朝夕相伴的小金鱼，怪人对它呵护有加。有一天他钓到鱼烧了之后，刚准备开动，看到了一旁的小金鱼，于是赶快用字典挡住鱼儿的眼睛，说了声"对不起啊"。你会发现怪人有着孩童般的善良和可爱。

你可能会认为怪人就这样孤独终老了吧？可是突然有一天，给怪人送食物的船上来了一位新船员，他对怪人很感兴趣。

于是再一次来送货时，船员在里面夹了一张纸条，写道：你喜欢什么？那一刻怪人好像第一次被关心，被看见。怪人非常感动,他敞开了心门,在纸条上写下了:世界的景象。

读到这里时,我非常感动,我发现原来这样一个孤独的,好似根本不配拥有这个世界的怪人,他的内心依然怀揣着对这个世界的好奇与憧憬,只是因为自卑而迟迟不敢踏出那一步。

于是我开始快速翻阅,无比期待他能够抓住这根稻草逃出这所"监狱"。即使我知道,这近乎不可能。

在之后每一次送货时,船员都会给他带来世界各地的明信片。这些真正的景象不再是他想象出来的,这些碎片一步步打破了他安定的生活,竟使他的心中涌起了一种叫作勇气的东西。

于是,他放走了与自己朝夕相处的金鱼,说:"我没有理由囚禁你。"

他犹豫了很久很久,将字典扔进了大海,回到屋子里拿起了绳子……

读到这里,你一定会以为这是一个悲伤的故事——怪人放走了自己唯一的朋友,并想要在孤独的灯塔中结束自己的生命。

当然,这或许是他最好的归宿。

可是第二天,他却拿绳子捆好了行李,上了水手的小船,去拥抱世界的景象。

这样的结局一定会带给你震撼,也会激起你我心中那一份尘封多年的勇气。

其实生命中的很多时候,我们都是独自一人的,因为失败的痛楚、自卑甚至缺陷,我们会静静地待在一座内心的孤岛上,不让他人靠近，也绝不踏出安全区半步。因为我们害怕失去现有的一切，去到未知的领域。我们是否在自己的"灯塔"里居住了很多年呢？

所以，你是否还有一份一直想要去尝试却迟迟不敢踏出第一步的念想呢？

不妨打开这本书，它会带给你力量和勇气。尽管黎明到来之前，黑夜漫长而孤寂。但总有一天你可以骄傲地说：我曾经一无所有，直至我踏入未知。

## 2. 在思维的边界遇见一颗不死之心

谁在自己的世界里，不曾是一个超级英雄？

郝彧

有这样一部人物传记：传主其人，是个超级英雄，家喻户晓，却颠覆了我们根深蒂固的印象；传记其书，脱不开网络文学的标签，却在十几年间催动着多少的眼泪和呐喊——对，是《悟空传》。有人认为它离经叛道，有人指责它荒诞诡谲，甚至有人给它扣上了"糟蹋名著"的帽子，但就是无法忽视来自灵魂深处的叩问：你那颗"不成熟"的心死了吗？

我们所熟知的名著《西游记》，从某种意义上来说，就是一部"悟空传"：美猴王大闹天宫，被压五行山，五百年后成了取经人，历经九九八十一难被封为斗战胜佛。据说，这是一个从猴到人，再到神佛的超脱过程。当然，其中暗含了"人高于动物，神佛又高于人"这种自然而然的"傲慢与偏见"。

《悟空传》的作者今何在先生认为,"西游"不单单是一个打打妖怪、说说笑话的平庸故事,其悲壮伟大,并非某种精神可以概括,也非某个群体可以代言。2000年的时候,他在《悟空传》的第一版序言中写下:"这世界其实只是看起来很大,可实际上你哪儿也去不了……你以为你走了很远,一看里程表都好几万公里了,其实只是在转圈。所以一直以来我总有一种冲动,想冲破什么,想逃脱什么,这种感觉伴随着我的人生且愈演愈烈。"

作者就是在这样一种年轻的躁动中铺开了《悟空传》的画卷:按照书中线索,戴着金箍的孙悟空,记忆始于五岳地牢,为求"功德积分"保护唐僧取经;但随着唐僧的离奇死亡,他卷入了龙宫地府凶杀案,且在天宫被捕下狱;为求将功折罪,孙悟空将走出天牢与前来大闹天宫的妖猴决一死战。

情节穿插,时空错乱,看起来就像一个真假孙悟空的故事,但事实不止于此:神把不可管束的都定义为妖,五百年前神妖大战,死了十万妖众,天庭想招安他的不死之心,于是妖王当上了弼马温;心不能安,再战,死了百万妖众,这次他想泯灭自己的不死之心,于是当上了齐天大圣;心不能灭,决战,他遣散花果山妖众,孤身逆天,兵败被俘——五万狂雷、三千凌迟,身体撕烂而心不能死——终于被设计,用心爱之人的冷漠,施以绝望,才让不死之心熄灭;传说还投入了炼丹炉中……

而此刻,走出天牢戴着金箍的孙悟空,前事已经隐约,只知道眼前这个妖猴,必是杀死唐僧、坏他正果的嫁祸之人,于是以命相搏,终究击杀——那一刻,四目相对,"孙悟空忽然觉得身体里什么东西裂开了,像是一块石头崩碎了"。

真假妖猴,分不清谁打死了谁,是合二为一?又或者他们都死了。

佛说:"你明白了?当你杀死过去的自己,才终于找到通向成佛之路。"现在,魔王孙悟空已经不复存在,以后,世人只知道孙悟空成佛了,再也不会看见你。甚至没有人知道,当年炼丹炉中跳出来的,到底是什么,是一个孙悟空,还是两个。或许他早已死去,挣扎的,是那颗不甘、不服、不死的心。

谁的心中,不曾住着一个孙悟空?

谁在自己的世界里,不曾是一个超级英雄?

我想起了哪吒,想起了慕容复,想起了"小王子"——古今中外的故事里,他们有的长大了,有的发疯了,还有的死了。

"所有的大人都曾经是孩子。"(不幸的是,其中记住这一点的并不多)

后来,告别自己,写下愿望:"愿你出走半生,归来仍是少年。"

再后来,想要的摸不着了,想变的动不了了,想不明白的不去想了……

如果有一天,遇见从前的你,是云淡风轻、是柔肠百转,抑或一棒打断?

父母的唠叨、兄弟的聚散、情人的冷暖——曾经叛逆的人,再不躁动;曾经怀疑的事、再不追问;曾经翻江倒海的志向;终于再无波澜。我听说,社会要教你做人、生活会磨掉我的性子,我们一不小心就活成了自己曾经最讨厌的样子——更可怕的是,曾经"不以为然"的,现在"深以为然",还庆幸自己的成长和成熟。

你呐喊"自律给我自由",这就好像书里写的:"戴上金箍,你就自由了。"

我听闻"七大姑八大姨的絮絮叨叨",却又猛地想起:"悟空,金箍在心上,我保证什么都没念。"

我们紧张地看了看手表、摸了摸工牌或学生证,就好像他"摸了摸头上的金箍,那是唯一证明自己还是孙悟空的证据"。

爱岗敬业、孝顺父母、同侪并肩,我们活得很好啊!一如敬天礼佛、尊师重道,西天的功德积分路,也很好,只是再也梦不着东海水、花果山,一个筋斗十万八千里,却再也不知该去找谁了——"而现在,他具备着令人恐惧的力量,却更感到自己的无力"。

蒙太奇的手法,在他书中、在我心中,发挥到了极致:五行山、花果山,五百年前前后后地跳跃,金蝉与如来的赌博、唐僧与白龙的情缘、天蓬与八戒围绕月神的前世今生、沙僧寻找琉璃盏的铁汉奴颜……一切交相辉映,美得孤独,碎得艳丽。

《悟空传》,不止为孙悟空作传,更是群像,正如作者在十五周年纪念版的序言里说的,"其实就是一群人用一生寻找答案的故事"。它无疑是个悲剧,但我从未把它看成是一种抗争什么的号角,相反,更像一种招安什么的旨意。

我推崇的,不是言之凿凿的阴谋论,而是心中西游给生活提供的可能性。

唐僧说:"我要这天,再遮不住我眼;要这地,再埋不了我心;要这众生,都明白我意;要那诸佛,都烟消云散!"——十万八千里路是自己走的，所以我们可以选择冲开束缚，抛下皮囊。

八戒说："我知道，因为我扶起了自己所爱的人，所以有罪。"忘了才能轮回，但"我不忘，我永远不忘"。——高老庄是说给世人玩的，所以我们可以选择高傲倔强地坚守。

沙僧说："当年打碎琉璃盏，被罚下天庭，我日日夜夜搜索散落在人间的碎片，五百年、五百年了……"——还差最后一片，哪怕再找五百年，我们也可以选择跟了权威、从了规矩，压缩一点傲气，让肉体更好地习惯。

白龙说："我从前见到的江流和现在的唐僧不一样，从前像自在的流水，而现在像深不可测的湖泊……"——为他当牛做马，从无一声表白，我们还可以选择卑微无闻地默默奉献。

向命运投降的，或者说与规则达成某种和解的，是俊杰，识时务者，值得称道；然而与生活死磕的，无论成败，至少都是英雄，他们可以被赞颂。

规则，不是恶的代表，但适应规则多多少少是痛苦的，痛苦到了后来就变成了麻木，他们说，那叫"成熟了"。

人性，不是弱的注释，但放纵人性多多少少是迷茫的，迷茫到了后来就变成了孤独，他们说，那叫"不成熟"。

有的人看来，我已被叛逆点染，甚至是大逆不道；有的人看来，我已向生活低头，甚至是蝇营狗苟。

然而此刻的"半生不熟"，"对未来正充满期待与不安之时"，如炼丹炉里烈火中烧、又如头上金箍还没做好——那一刻电光照亮他的身姿，千万年后仍凝固在传说之中：怎能忘了西游？

## 3. 非线性视角下的创新世界

> 一个还在创造历史的人，你很难为他急着书写历史……
>
> 郝彧

2018年，是漫威电影宇宙的第一个十年之约，超级英雄阵营的绝对主力钢铁侠一路圈粉无数——"以血肉之躯，承钢铁之心；以凡人之力，可比肩神明"。"漫威一哥"钢铁侠，就是这样一个存在：穿上铠甲，他是钢铁战士，是团队灵魂；脱了铠甲，他是天赋超人的工程师，是身价亿万的企业家；年轻时，他曾放浪不羁、冒险闯荡；年幼时，他也曾木讷寡言，把忧伤埋在心底。

这样的角色，即使在科幻作品里也够独树一帜了；现实世界中，竟然真有人堪与之齐名，号称"硅谷钢铁侠"！出版于2016年的同名作品中文版已经较为详实深入地解读了"埃隆·马斯克的冒险人生"，从出生那年写到身后十年,有名人大传的风采;我所选取的却更像是"埃隆·马斯克小传"——我接触马斯克其人的引路书,《特斯拉之父:埃隆·马斯克传》,出版于 2013 年。

今天看来,这个名字已经不足以总领全局了,与后来的大传相比,这本小传也更像东拼西凑的"故事集"。但歪打正着,在我看来,他成了一本"走近马斯克的入门攻略",更是一本可以送给小孩子的偶像传奇。

它最显著的特点,是简短。它很简短,简短到把大事件一一拆碎成几百个字的上百篇小文,化解了传记难啃的天然属性,随便你从哪里开始,3 到 5 分钟内总能抓取好几个小话题,比如说"高级跑车的 PK""银行已无存款""6831 块锂电池""走廊里的'快闪'"……

每个故事都很"明快",甚至多有四格漫画的即视感。略举一例,第一小节"害怕黑暗的少年",就是活生生的四幅图嘛——八岁读完百科全书的"小书虫"的样子;懂得"黑暗就是缺少光子"后,再也不怕黑的"小机灵"的样子;提前入学,身材矮小而常被欺负的"小可怜"的样子;在父亲帮助下研究电脑编程的"小极客"的样子……

若是宏观一点看,大小标题都染着那种日本动漫热血感,也许是日本作者的缘故吧。随便来几个感受一下:"降临——来自南非的男人""前进——预见未来""信念——宇宙之道""命运——拯救地球"……

它"阴差阳错"的魅力就在这里。我们眼里的浅尝辄止,是不是反而符合了孩子们希望随时得到点什么的阅读习惯？那些细碎不成行的故事群，会不会成为小孩课余的谈资、日记的素材？我们所羞耻的"中二"，能不能点燃渴望英雄的少年？每个大人都曾经是孩子，只要放下身段，其实不难与其产生共鸣。

即使是对于大人，这本传记的"微分"的方式，也隐约向我们提供了另一种理解马斯克的视角：他的一生本就不是按照线性顺序来过的，如果沿着时间线，你会发现他刚还在互联网玩得风生水起，一卖公司转身就去搞太空探索了；夸下移民火星的海口，还没看清什么眉目，竟然投身电动汽车领域；媒体的目光刚从天上飞的转回地上跑的，他又很快动手搞太阳；"太阳城"被特斯拉并购是喜是忧还未可知，超级高铁、人机互联各个领域都出现了他的身影……

一个还在创造历史的人，你很难急着为他书写历史。相反，这本小传的故事集属性，可以帮你淡化掉时间线，遵循你爱的逻辑顺序重新梳理，甚至可以更好地理解他的宏图伟志。你会惊讶于"东一榔头、西一棒槌"——每一个散落的星辰，都在共同发力，闪耀出一张隐隐约约的星空图……

作者在前言中写道：回顾从前，埃隆·马斯克曾经思考过"对人类未来影响最大的到底是什么"。最后的结论是：互联网、可持续能源、宇宙开发。鉴于这本书出版较早，结合埃隆·马斯克的官方资料，主要是2006年和2016年的公开信，我发现这三大结论的主体逻辑是层层递进，在实践中有的是平行展开、有的是互为推动、有的甚至是顺手而为。

循着这种视角，还以钢铁侠打比方，继续戏说：

人们开始熟知的马斯克，是作为"复仇者联盟"的成员，那时他还在"互联网时代"，本书只用了很短的篇幅串联起了他早年的大事件。

"从斯坦福辍学创办 Zip2""转手成为千万富翁""用千万资产创办 X．com""与竞争对手合并出 PayPal""埃隆政变出局、易贝收购获现上亿美元"……聚则聚成了划时代意义的产品，散也散出了领头羊作用的并购。虽然最后的"内战"弄得四分五裂，但当人们回顾 PayPal 天团的时候，还是会感到唏嘘；我们熟悉的 Youtube、LinkedIn、Yelp，不熟悉的科技行业顶级投资人，各个遍地生花，唯有马斯克就此退出互联网——而立之年，身价上亿，然而一切过往，却只是序章。

现在媒体紧追的，则是他的"傲创时代"——骄傲甚至"傲娇"的创新时代，一个关于可持续能源的时代，特斯拉是最耀眼的明星，本书的"前进"和"独创"主要记录了这些故事。

现在，结合 2006 年特斯拉官方发布的《宏图》，10 年内"四步走"正在一一实现，当时的故事也能被一一嵌入版图："我认为做特斯拉的成功率很低，而我不想拿任何人的钱来冒险，所以只能用我自己的钱。"PayPal 赚钱做了启动资金，成就了第一步，"产量很小、价格昂贵的车型"——特斯拉 Roadster；第二步，用赚到的钱开发一款产量适中、价格较低的车型——Model S；第三步，创造一款量产的、价格亲民的车型，虽然直到今天，他也许还在为 Model 3 的量产能力担忧；第四步，提供太阳能电力，那是他的 solar city——对，过往又成了序章，电动车只是一个实验，一个关于可持续能源的实验。

然而他真正的"无限战争"，还只是初露锋芒，可持续能源还只是关键的一环而已——他的征途是星辰大海，是对地球的怜惜、对人类命运的悲悯、对跨星球物种的构想。本书用"艰难的航程"记录他的"人生最低谷"，用"信念"注解"宇宙之道"，用"异端"描述"火箭革命"，还托出了他要把"人类送上火星"的"野心"，以及将"拯救地球"作为他的命运。

这确实是一场无限战争，从他年少的科幻书中所起，有生之年也未必能见结局。有时读着这样的故事，甚至会生出深深的无奈，听着他们的故事，就仿佛望着超级英雄的背影，听也听不明白，帮又无从插手。无论成败，只能默默祝福。或再挑选些许易于理解的精神，做个最酷的偶像，和他一起成长。

都说埃隆·马斯克是"硅谷钢铁侠"，仿佛真的有钢铁侠的精神，灌注在这个现实英雄身上。然而他又反过来为钢铁侠的荧幕演绎提供了许多灵感，从这个角度上说，反而是马斯克成就了更加传神的钢铁侠。

如果仔细，你也许会在十年前的《钢铁侠》电影里看到，托尼·斯塔克的工作室里，停放着一辆特斯拉的跑车（Roadster），"我希望托尼的工作室里能有一丝他的影子"，演员小罗伯特·唐尼说，"钢铁侠，马斯克，他们，属于同一个时代……"

## 4. 思想实验，让选择回归当下

> 震撼人心的是，甲乙丙都能选的时候，他偏偏哪个都没选……
>
> 　　　　　　　　　　　郝彧

大争之世，凡有血气，必有争心；西有大秦，变法图强，如日方升！

黄土地哺育出男儿血性，在这里尽情翻涌。《大秦帝国》系列历史小说，是孙皓晖先生的匠心巨制，其气势恢宏，前后六部：首部《黑色裂变》，讲的是商鞅变法，秦国从"站起来"到"富起来"；第二部《国命纵横》，讲的是苏秦、张仪合纵连横，秦国从"富起来"到"强起来"；后来的《金戈铁马》讲的是从"强起来"到"打起来"；而《阳谋春秋》则是从"打起来"到"乱起来"；《铁血文明》进入秦始皇时代，从"乱起来"到"合起来"；最后的《帝国烽烟》二世绝唱，从"合起来"到"散起来"。

作者宏愿是"献给中国原生文明的光荣与梦想"——"大秦帝国,既创造了博大精深的统一文明体系,又具有强悍的生命张力与极其坚韧的抵抗力,集中体现中华民族的创新求实和刚健质朴,正是我们的原生文明"。

我所选取的《黑色裂变》是《大秦帝国》的第一部,也是这原生文明的原生阶段。故事主体就是大家耳熟能详的商鞅变法,共三卷十五章:上卷五章,由七国格局开始叙说,秦国知耻而后勇,引出卫鞅(即商鞅)入秦;中卷五章,详实地描述了商鞅变法的开展,有斐然的成就,也有骇人的困难,更为后续不可调和的矛盾埋下伏笔;下卷五章,又回六国大局,阴谋与阳谋并举,权臣共国君同衰,变法或可延续,而盛极一时的商鞅,却随着新君即位,生命戛然而止……作者铺展"商鞅变法"故事的时候,就好像"开轴赏画":我将用三个"思想实验"略略贯穿这一巨幅画作的主轴。

我以为,阅读小说的核心在于体验,而阅读历史小说能给我们的就是"思想实验"。回看历史的时候,判断容易下定、褒贬容易评说,也正因如此,读历史小说时知人论世的代入才显得尤为可贵。因为代入的那一刻起,我们会有选择的纠结,也会有情绪的起落,但就是不会有上帝视角的自以为是。我常感受那种黑云压城、山雨欲来的紧迫,设想那种纵横捭阖、吞吐江山的快慰。"思想实验",简言之,就是代入思考在那个历史情形下,如果是自己会怎么办。

第一个思想实验:"六国分秦盟约"。这个思想实验,发生在故事开篇。讲的是，当时七国争雄、秦国贫弱，贫弱到什么程度呢？东边六国，对他不耻到搞了一次大会盟，商量怎么把秦国地盘瓜分，小说家称它为"分秦盟约"。

这个行为是非常有侮辱性的——如果商量怎么攻打、怎么吞并或还可忍，直接商量如何分赃，大有一种"毁灭你与你何干"的意思。比侮辱更要命的是，它还可行。——策划这场会盟的是谁？魏国上将军庞涓——鬼谷子的高徒，且看他的详实计划：六国大军从秦国东边正面施压，策动秦国西边的少数民族叛乱，然后又在秦国国中散布流言。

而积贫积弱的秦国当时面临的场景是什么呢？拼尽全力还足以一战，但结果一定是：向东，打打不过；向西，逃逃不脱；回中间，降都降不了。我问自己，在这种绝对的困境中，自己能想到如何去苟延残喘吗？

书中给出的答案是这样的："启令箭""清国库""调兵符"。三件物穿起十万火急，渲染了这个氛围。虽然"六国会盟"是小说家言，但我认为这是神来之笔。国君秦孝公坐镇中间，对六国商贩扣押而不伤害，既控了流言，又不留话柄；国君兄长嬴虔，在副将都配不齐的条件下独率精兵奇袭西部镇压了叛乱；攘内同时也未忘安外，向东利用六国嫌隙，贿赂离间，盟约趋于搁置瓦解。

此时读来轻描淡写，回到书中却是国君自断手指，写下"国耻"二字奋发图强；太后解下头上金钗，倾尽后宫家产为外交筹资；就连堂堂公主也不得不假扮使者出巡，国力、财力、人力，皆力不从心。经过这种激烈的斗争，秦国总算是苟延残喘，但他知道要站起来远远不够，于是就发布求贤令，引进"外国"人才——这一引不要紧，卫鞅入秦，与国君三次面见，终于一拍而合。所谓"公如青山，我如松柏。粉身碎骨，永不相负！"

变法开始，历史课本上波澜不惊的短短几句，放在当时却是巨浪滔天的浩浩十年。秦国自上而下，国力飞升，当然各势力矛盾也不可避免地越积越深。第二个思想实验，就发生在商鞅变法进行得如火如荼之际。

情况是这样的，各方矛盾越积越深，阴谋密布。国君出行期间，小太子被人设计挑唆杀人，激起了民愤。为对抗官府滥杀，大家纷纷来"交农请命"，表示放弃田园，反出秦国。

在这个思想实验里，有三条警戒线：第一，太子是国君的独生子，意味着要是解决了太子，就等于终结了国君；第二，农耕是国家的命脉，意味着要是激怒了农民，就等于断送了国命；第三，商鞅是新法的守护神，要是新法失败，就等于埋葬了国运。这种情形下，进也不是退也不是。眼下国君在外，独自镇守国都的商鞅，该如何应对这种迫在眉睫的两难呢？

作为一个大权臣，他是这样做的：首先，他出场时使用了全部象征威严地位的道具，比如古老的剑、华贵的车、浩瀚的仪仗，国君不在，他必须撑起场面；其次，他启动了所谓"未成年人保护法"，免除了太子的皮肉之苦，给了其他责罚，但说好了"王子犯法、与庶民同罪"，这明显不足以平民愤，于是还要依法行刑。

古人讲"刑不上大夫"，他上了，而且是把位高权重的太子老师，一个割了鼻子，一个刺字发配；古人云"礼不下庶人"，他也下了，依法赏赐，把为民请命甚至是挑头闹事的赐爵一等。可以想象，这种铁腕搞法，自然是维护了新法，但是也结仇积怨无数，比如被割去鼻子的那位，就是战功赫赫、支持变法的国君兄长嬴虔，被用以平息民愤甚至取悦大众，落得终身残疾，那种英雄的恨，要比小人的算计深刻上十倍。引人感慨：功成名就的神话，需要多少代价？

"公如青山，我如松柏"，松柏呼风唤雨，还在于脚下青山的支撑与护佑。变法大破大立，才能保得秦国如日方升。"一朝天子一朝臣"，当"青山永固"的美好愿望幻灭，"松柏"又该何以自处呢？

进入第三个思想实验，在孝公驾崩之后，新君即位之时。当年老皇帝给商鞅留下了多大的权力，这个时候就有多大的口实。无论是庙堂之高，还是江湖之远，想杀掉商鞅、废除新法的力量不止一股。最为明显的就是朝堂之上的"六国请杀商鞅"，如若不然，"六国结盟，后果自负"。权贵附议："杀商鞅以谢天下"。——在这儿，历史仿佛轮回了，我们仿佛又听到了当年"分秦盟约就此达成"的声音。不过，当年是打打不过、逃逃不脱、降降不了，甲乙丙都不能选的时候，他偏偏都选了，在混乱中开辟了秦国崛起的入口，不愧是秦孝公！

而当下的商鞅，面对着昔年的困境，却是打打得过，因为老国君给他留下了一支精锐铁骑；逃逃得了，墨家可以庇护、白家商业可以经营，就算一个山野乡村也不见得有人能找到；投降也降得了，只要放弃新法，那么他这个人是死是活，其实命在自己手里。放给你我，怎么选？

震撼人心的是，甲乙丙都能选的时候，他偏偏哪个都没选——最后的结局，小说里面写到是车裂。商鞅被列罪十条、处以极刑。历史课本留给我们的，也只是"商鞅身死，但商鞅变法却是成功的"。矛盾吗？

回顾这三个思想实验，一个在变法前，一个在变法中，一个在变法后。第一个讲的是输赢，六国会盟，分清盟约就此达成，凸显的是秦孝公作为"士"的"难为，能为"；第二个思想实验，讲的是利弊，令王子犯法与庶民同罪，这种魄力，共同凸显了"青山"和"松柏"的"君子，有所为，有所不为"；第三个思想实验，说的是成败，在"杀商鞅以谢天下"之声中，我们不禁感叹，"圣者，明知不可为而为之"。

当我们回看历史的时候，比输赢、讲利弊、论成败，但就是不谈对错。喜欢吗？赞同吗？喜不喜欢，是情绪；赞不赞同，是立场——当剥离开情绪与立场时，历史的沧桑感和小说的灵动感会同时涌起。

以"六国盟约"起，以"六国盟约"终，说多了"草蛇灰线"这事的伏笔，谈累了"云月相生"这人的互衬；从"难为、能为"，到"有所为，有所不为"，再到"明知不可为而为之"：明君权臣，旧事新法。

于是，又想起了"公如青山，我如松柏。粉身碎骨，永不相负"，又想起了"凡有血气，必有争心。西有大秦，如日方升"——这里面有大回环，大美满。

## 5. 独立思维才是最优成长方案

> 父母总是以他们的角度为孩子提供最优方案，规划孩子的人生，但最难得的，是发现孩子的闪光点，相信孩子不仅有血有肉，还有灵有气。
>
> 关亮

有一本书，被称为"感动美国人的父爱圣经"。这本书就是《父亲》。作者巴兹贝辛格是美国畅销书作家，也是2004年普利策奖的得主。他出生在书香世家，爷爷念过哈佛，叔叔和两个孩子上的都是斯坦福这种名牌大学。他的父母，尤其是他的妈妈，就是为炫耀自己的孩子而活，而他自己的目标，就是成为能够让他们炫耀的资本。

他有自己的孩子，扎克，一个二十四岁的男人，在超市负责给食品分类装袋。但他还不会计算一百加一百等于多少，只知道"很多"。扎克的智商只有七十，相当于八九岁孩子的智商。因为在子宫里，肺部没有发育健全，脑部供氧不足、受到损伤，两岁才会走路，三岁学会说第一个字，五岁没有办法用语言对话。他的未来不会有结婚典礼，不会有孩子的出生纪念日，也不会有金婚纪念日。

巴兹写道：

"我常常会选择逃避，我逃避是因为他不完整，我也因此不完整。"

"我常常在黑暗中站在扎克的房间里，看他睡着的样子。我真希望我可以不惊醒他就能钻到他的身体里去，然后进入他的大脑，把线路重新接一遍。"

巴兹想把他和他爸爸所经历的一切，复制到自己和自己的孩子身上，但这不可能。

他时常会想象，有一天，自己去世了，而扎克已经变老了。他六十岁，弯腰驼背，蓬头垢面，去往某家失智老人之家的路上。路过的行人纷纷躲避他，认为这是一个疯子。回到房间，扎克大声自言自语，没有人让他小声一点，因为这个房间只有他一个人。

为了在有生之年，更加了解自己儿子的大脑，让他能够独立、安全地生活，巴兹决定，跟儿子扎克一起旅行。其实巴兹早都和妻子离婚了，儿子扎克判给了妈妈，父子俩相处的时间，确实是太少了。

美国很大，这一次全国自驾游没有什么大风大浪，但身为父亲，巴兹经历了从郁闷、困惑到豁然开朗的心路历程。他在跟残障的儿子相处的过程中,想起了因为白血病去世的暴躁的父亲,和因为帕金森去世的严苛的母亲。他也学会了接受扎克的一切。

在到达俄亥俄州的时候,巴兹大声地把俄亥俄说成俄亥易,这样儿子就会纠正他。

他说:"儿子,俄亥易到了!"
"不,是俄亥俄!"
"俄亥易!"

争执过后,巴兹还是不耐烦了。他大声地说:"够了!"扎克吓坏了,巴兹也自责起来。他忍受不了这种停滞不前的感觉。后来,巴兹终于问了儿子一个关键的问题。

"你知道大脑受损是什么吗?"
扎克说:"是脑子不正常吗?"
巴兹说:"你觉得你脑子不正常吗?"
扎克说:"我知道。"
巴兹很意外:"你怎么会知道?"
扎克说:"是我的脑子告诉我的。我有一点难过。"

扎克虽然智力不足,但他却拥有惊人的记忆力。什么时间见过什么人,每个人生日的具体日期,他都能储存到有限的大脑里。扎克的背包很沉,里面装着美国各州的地图,他喜欢看地图,而且能记住那些烦琐的街道网格。巴兹写道:

"不听别人的回答是一种根深蒂固的社交行为,但扎克总是会认真倾听。时间的流逝对他没有任何影响，他能记住自己听到的所有的话。"

在以前，巴兹眼里的儿子，是一个需要保护的傻子。他有时候会把扎克当出气筒、替罪羊，比如半路上相机丢了，他会埋怨，如果儿子是个正常人，还可以提醒自己，帮自己分担行李，那么这么糟糕的事就不会发生。

后来他发现，儿子有独立的人格。比如提到性的问题，扎克很不开心，他说："爸爸，不要问我一些我不知道怎么回答的问题。"在巴兹悲伤的时候，扎克走进来，看着他，轻轻把手放在他的肩膀上，说："爸爸，一切都会好起来的。"

巴兹说："谢谢，这句话对我来说意义非凡。"

巴兹亲吻着儿子的头顶。他说，每次亲吻他的头顶，都会想起他出生时的样子，他遭受的苦难。还能有谁像他一样顽强呢？

因为扎克惊人的记忆力和方向感，他们接下来的旅行非常愉快。扎克会清楚地记得，哪条街是在以前某个时候听说过的。他好像早已周游过世界。

旅行结束了，巴兹终于明白了，他不是自己想要的孩子，但现在他不再是孩子了。他是一个男子汉，是自己见过的最英勇无畏的男子汉！他友善、风趣、让人捉摸不定，他总是能让一个父亲恢复信心，让一切都好起来。

这本书的副标题是"一次发现父爱的旅行"。扉页上写着：致全天下感同身受的父母。不管在美国还是中国，父母总是以他们的角度为孩子提供最优方案，规划孩子的人生，但最难得的，是发现孩子的闪光点，相信孩子不仅有血有肉，还有灵有气。

巴兹是个好父亲。他在书的最后说："我要谢谢扎克。我不知道他能不能看得懂这本书，但他全身心地信任我。我只在心里默默希望，默默祈祷，自己可以见证他人生中的每一个奇迹。"

最后，把书里面最令我感动的对话分享给你们。

巴兹问："你爱我吗？"

扎克说："我爱你。"

巴兹问："你怎么知道你爱我？"

扎克说："因为我爱你。"

巴兹问："你知道爱是什么吗？"

扎克说："就是爱。"

## 6. 微习惯，让你毫不费力地坚持

> 把"每天锻炼 30 分钟"缩减成"每天只做 1 个俯卧撑"，把"每天写 3000 字"缩减成"每天写 50 字"。
>
> 李赛男

生活中，我们总希望自己变得更好，所以定下目标，发誓自己要养成怎样的好习惯。试问下自己有没有这样的经历：计划好通过节食减肥，却坚持不了两三天，还是受美食的诱惑而放弃；说好了早上七点钟就起床，结果早上睁眼看看时间，觉得七点太早，于是又继续睡；颈椎不好，有的时候还是忍不住低头刷手机，哪怕是正在走路时也是如此……这些经历是不是意味着自己没救了呢？这个世界上，到底有没有一种简单有效、没有负担的习惯养成法呢？

答案是：有！第一次读完《微习惯》这本书时，我感觉自己简直打开了新世界的大门。我惊喜地发现，以前我之所以没能养成好习惯，根本原因不是我又笨又懒,而是我没有使用科学的方法和策略。

这本书的作者斯蒂芬·盖斯,天生就是个懒虫,可是在2012年,他开始践行这套"微习惯"方法后,坚持每天阅读,坚持每周健身,而且,影响了许多人,帮助他们养成良好的习惯,实现人生的目标!

那么什么是"微习惯"呢?"微习惯"就是将你想培养的习惯经过大幅缩减后的版本——例如,把"每天锻炼30分钟"缩减成"每天只做1个俯卧撑",把"每天写3000字"缩减成"每天写50字"。

听到这儿,想必你都偷笑起来了,心想,这么简单谁会做不到啊?而且,就算做到了,每天做这么一点,又有什么意义呢?这就是"微习惯"的独特之处。正是因为它非常简单,简单到你每天都可以没有负担地马上完成它,所以,你每次几乎都能超额完成既定的小目标。

接下来,我就用"每天要坚持写2000字"作为例子,为大家分析为什么"微习惯"——"每天只要坚持写50字"会更有效。

第一,如果没有有效的结果,再大的决心也毫无价值。

"每天要坚持写2000字"的大决心,一开始就给了我们太大的心理负担。也许真要写2000字倒不难,可是一想到往后每天都要写2000字,一年下来73万字的重担就压到我们迟迟动不了笔。而如果"每天只要坚持写50个字",我们可以抓起笔来马上写出来。

只要写出第一个字,往往就不止50字了。作者尝试用这种方式后,最少的一次也写了1000字。是的,大脑就是这么懒,我们要用这样小小的"诱饵",巧妙地欺骗它,然后一次次地拓宽它的舒适区。

第二,依赖"动力策略"是不可靠的。

在下定决心后,一般来讲,我们还是动力十足的。假设我们在前一两周确实都做到每天写2000字,可是慢慢地,我们的动力就快速衰减,这时候,我们常常要说一下激励自己的话,如:"××,加油,你就要成功了,加油坚持住!"这些常常是没有用的,这就说明依赖"动力"是不可靠的。

如果某一天确实没坚持住,负面情绪还会困扰、打击我们:"我怎么这么笨、这么差劲"等各种消极思想纷纷来袭。

相反,"微习惯"非常简单,简单到不可能失败。我们要做的,只是依靠意志力,强迫自己每天都花一点时间去完成它。记住一个原则,说好了50字就是50字,50字就是成功。每一次的成功,都会增加我们的自我效能。这种感觉真的很棒,会一直激励着我们,尤其是当看到几乎每次都能超额完成时,我们会更加倍受鼓舞。

这就是"微习惯"更有效的原因。我自己也是"微习惯"的受益者。我是爱读书的人,也给自己定过"每周看2本书"的目标,要么是有时工作结束回到家,疲惫不堪,根本就不想看书;要么,就被"吃零食""刷朋友圈""和朋友逛街"等各种诱惑给耽搁了。

自从发现"微习惯"后,我给自己的目标就很简单啦,每天只要读2页书就可以了,因为没有心理负担,有时候即使很疲惫,想起今天还没有看书,那就看2页吧。结果一坐下,很多时候就看到不止2页了,因为书的上下文联系都是很强的。我现在已经坚持读书279天了。

　　怎么样,心动了吗?你有哪些一直想要养成却迟迟没有行动,或者没能坚持下来的好习惯呢?马上行动起来,毫不费力地坚持下去吧。

## 7. 增强说服力，只需改变思维方式

> 在当众讲话时，根据内容不时变化自己的发声方式，调动听众的情绪，你将会发现听众十分乐于享受由你带来的这场"被动运动"。
>
> 涂梦珊

人人都会说话，但声音的重要程度远远被大家低估了。

曾经有一档职场节目《非你莫属》，两个实力悬殊的选手，在对话结束后的结局让人唏嘘。形象靓丽的新西兰留学归国女生，求职演讲结束后评委全部灭灯；一位来自河南的学历非常普通的毕业生，却获得了评委的全数通过，甚至有评委为了留下她，愿意帮助她掌握技术后创业。第一位女生也许还不明白，正是自己表达时对声音的错误运用才引起了他人的误解。

第一位女生说话时声音忽高忽低，这种曲折调很容易让听众觉得其语言充满挑衅性；而第二位女生开口说

话时降低了自己的声音从而让语言听起来更真诚更朴实。

所有人都低估了声音不好给自己带来的伤害。

有人因为声音被拒绝过；有人因为声音被误解过；有人因为口音自卑，不敢跟人交流；有人因为声音让沟通变得困难、尴尬。

还有一部分人，本身声音没什么问题，但希望能让自己说话更有气场、有魅力，却不知道如何才能练出好听的声音。那不妨读一读——《如何练就好声音》。

也许你会问，好声音还能练出来啊？当然，而且很快就能练出来。虽然声带是天生的，但是发声是有秘诀的。巧妙地运用发声技巧，能使你的声音更悦耳，更有磁性，富有自己独特的人格魅力。

如果我们希望快速提升自己的声音形象，不妨重点实践一下练习好声音所需的四大重点。

**第一点：清晰度。**

声音清楚是交流最基本的要求，因为发出声音最根本的目的是传递信息，做好了最基础的信息传递，我们才能够传递感情、态度，其次才是传达出一种说话的美感。后面的一切都是建立在让人听得清楚这个基础上的。

说话不清晰的原因有很多，比如，受方言的影响；咬字很含糊，无意识地吞字；声音太小，对方听不到；语速太快，对方跟不上；说话逻辑混乱，重点不突出，对方不知道你想要说什么。

**第二点，你的声音有没有情感，也就是我们听觉的亲和力和温度。**

温度，可以说是声音的灵魂。一个好听但是却拒人于千里之外的声音，与一个虽音质欠佳，但总感觉亲切的声音，这两者一对比，我们都能做出最走心的选择。把温度这一点做好了，即使你的声音先天条件不好，也能实现一次惊人的大逆转。

什么叫作有温度的声音？那就是让人听起来温暖。你会发现很多人清晰度上面没问题，但是声音离悦耳这个标准还是差了很多，很大一个原因就是不够温暖。就像机器的合成语音是一个字一个字、一个词一个词生硬地拼凑在一起的，给人很呆板的感觉。如果一个人讲话不清晰还没有温度和情感，那可能还真的不如一台机器的语音。

**第三点，你的声音音质是怎样的。**

服装有服装的材质，声音有声音的音质。很多主持人都会花费很多精力去练嗓，才获得了大家都喜欢并称赞的音质。了解自己的音质一定要借助录音，多听听自己的录音，然后站在听众的角度去感觉自己的音质具体是怎样的，还可以询问一下自己的朋友和家人，知道了自己的起点在哪里，就知道自己需要克服的重大缺陷在哪里，有针对性地从自己的角度出发，根据书里为大家准备的练习材料去提升自己，用这些声音训练技巧去改善不良的音质。

**第四点，你的声音是否符合自己的身份以及说话时的情景。**

我们的声音要随着自己的身份以及说话的情景变化，与我们的形象契合。刚刚工作的时候，亲切温暖的声音会让大家觉得你很谦逊，提高对你的好感度。可是，当你慢慢地走向管理层的工作岗位时，如果你的声音和说话的风格还依旧停留在职场新人的感觉上,就会让下属觉得你的气场不足。这时候就应该学会根据身份和应用场景,让声音从甜美之声慢慢变为王者之声了。

除此之外,你还可以通过这些方法快速提升自己说话的受欢迎程度,一开口就让人喜欢上你。

**方法一,当你的声音微笑时,对方也会报以微笑。**

大部分没有经过声音训练的人,会仅仅依靠自己习惯的方法去发声。由于身边缺乏对声音敏感的共同学习的朋友,所以会由于缺乏提醒而不会注意自己说话时的声音质量,甚至不会仔细斟酌自己所使用的语言,从根本上说就是一种无意识的使用状态。

我常常花大量的时间讲微笑,也让读者练习在声音里加入微笑的表情,我会请大家简短地分享几句让自己觉得开心的话。结果让我大吃一惊,竟然有超过半数的人说,我已经很久没有听到让我觉得开心的话了。到底是什么让我们语言渐渐被剥去了快乐?是压力、孤独、冷漠,或者仅仅是我们的长久无意识?

"请把你的笑肌抬起来""你可以微笑一下吗?"已经成为我说得最多的语言了。我希望不仅仅是给他们的外在带来改变,更希望微笑给他们的内在带来改变。

调动微笑肌可以克服发音器官紧张的毛病,让声音的位置能相应地提高。更重要的是,说话时把"笑肌"提起,可以让你的声音甜美且有亲和力,让听者好感度上升不少,也会为自己带来更多好人缘。

几十年的时光,你会发现容貌会老、性格会变,但微笑着说话的模样始终会让人感到非常舒服，微笑着说话的声音也会让人如沐春风。我们的声音表情完全可以早早做好准备，随时传递微笑的表情，这表情就像给我们的声音穿上了一套修身可人的"职业装"，这套漂亮的职业装能向他人最大限度地传递出你内心最深处的善意与热情。

**方法二，让自己的声音富有变化性。**

听众更喜欢主讲人说话时声音主次分明，以此减轻注意力负担。语言平铺直叙会让听众抓不住重点，加重听众的不适感。简单高效又富有变化的声音才会受到听众的欢迎。

很多读者和学员都向我倾诉：开会的时候，总是没有人愿意听自己讲话。虽然自认为重点内容都说了，但会议过后，大家却毫无印象。这正是大部分人使用声音时的状态。当然，这并非是说话者有意为之，因为大家并不了解如何正确发声，所以索性忽略它，继续按原来的习惯说话，伤害自己声带的同时，也影响了听众的积极性。其实，要奏响声音的旋律并不难，只需让声音组合出高快、高慢、低快、低慢4种变化，交替使用。

当你学会了这4种组合的声音运用形式后，声音里抑扬顿挫的感觉自然会出来。在当众讲话时，根据内容不时变化自己的发声方式，调动听众的情绪，你将会发现听众十分乐于享受这场由你带来的"被动运动"。

提高自己的声音耐力、魅力和影响力，把握更多的成功机会。

## 8. 那些伤，为什么我们放不下

> 如果你和我一样，有一颗曾经受伤的心，那么这本书也许是一味治愈的良药。
>
> 王丹

**你**有没有遇到过一本书，是被它的名字所吸引？今天这本书对我而言，就是这样，书名叫作《那些伤，为什么我还放不下》。这句话是不是也触动了你内心某个柔软的部分？

这个世界并不温柔，也许我们很多人都被它碰疼过，伤害可能来自他人、自己或者非可抗力，或许是原生家庭的伤害，成长路上的失恋之苦、丧亲之痛、事业瓶颈……

如果你和我一样，有一颗曾经受伤的心，那么这本书也许是一味治愈的良药，药名就叫作"原谅"。

这本书的作者吉姆·丁克奇，是斯坦福大学的教授，他用了整整41年的时间构建了一套关于"原谅"的科学体系。

那么，我们为什么要原谅？

先听一个猎人抓猴子的故事。有个猎人呢，不按套路出牌，只拿一个葫芦就想抓住猴子。还好他比较厚道，没有"空葫芦套猴子"。他会在葫芦里装满猴子爱吃的花生，然后就哼着小曲儿走人了，等再回来的时候，就是见证奇迹的时刻——猴子被葫芦"粘"住了！为什么会这样呢，也没有"万能胶水"啊？原来是这猴子抓满花生之后，爪子就变大了，卡在了原本细细的葫芦口里。但是它却宁愿在那儿跟葫芦一直较劲儿，也不愿意松开爪子。这只猴子就是我们，而这个花生就是我们心中的积怨。

其实只有我们松开这些花生，我们的生命才会重获自由、欢乐。

所以，"原谅"的核心是"自我救赎"，而不是认可伤害我们的混蛋行为。

其实我们都知道宽恕、原谅很重要，但是为什么依然很难做到呢？

从生物学角度看，这是由大脑的应激反应模式造成的。大脑，分成原始脑、边缘系统和新皮质三部分。其中，边缘系统类似一个"中转站"，负责收集外部信息，然后选择是分配给原始脑，还是新皮质。

平时这个系统还是挺正常的，分工明确，你的是你的，他的是他的。但是一旦我们受到伤害，情绪开始不安、恐惧或者愤怒，边缘系统就开始出乱子了。他会把所有外部信息不论好坏，都定义为"危险信号"，一股脑儿全部扔给我们的原始脑，要多偏心就有多偏心。原始脑是较为低级的，并不理性，一旦激活，就只能强化不安、恐惧或愤怒的情绪。而负责原谅功能的、高级的新皮质，却被撂在了一边！

这就是我们受伤害后，越不安、越恐惧、越愤怒，就越难原谅的原因。那些能够做到原谅的人都是"真的猛士"，简直就是打败了自己大脑"小怪兽"的奥特曼！

那么，问题来了，当我们开始愿意化身"英雄联盟"，想要去原谅的时候，到底该怎么做呢？

特别简单实用的方法，叫作"三封信疗法"。就是你要写三封信。

第一封信叫作"伤信"，用来泄愤。你可以在信里面描述那些伤害你的过往，条陈种种罪状，希望对方获得的报应等等。在这封信里，你可以用最恶毒的语言，甚至是老虎凳、辣椒水都可以，一直写到再也想不出其他语言为止。

第二封信叫作"反信"，用来理解对方。写这封信要用换位思考的方式，把自己想象成对方，用对方的口吻写一封收到你伤心后的回信。在这封信里，你要对第一封信的控诉内容进行解释说明，并表达歉意，一直要写到你的怒气消失为止。

第三封信叫作"感恩信"。信里要写曾经和对方一起经历的美好，对方身上的优点，你因为他获得的成长，并感谢他，再记录下自己那一刻的真实感受。当我们用积极、感恩的眼光看待那些最伤人的经历，也总能发现一些闪光的地方！

如果愿意，第三封信可以寄出去，其他两封都不必，毕竟任何一个人突然收到一封言辞激烈地责备自己的信,都容易接受不了,更重要的是——原谅带来的平静幸福,不是为了对方,只是为了你自己!

这三封信,可以写给别人,同样也可以写给自己,有时候,我们常常很容易宽恕别人,但却习惯于跟自己怄气!原谅自己,更加重要!

2016年年初,我打算来一次说走就走的旅行,去人间之外的世界看一看,但是可能偏巧天堂跟地狱集体过节,大门紧闭,我只能灰溜溜地走了回来,遗书也白写了。这应该是我自从确诊患有抑郁症之后,几次尝试自杀中,最接近死亡的一次。当我走过那段人生的"至暗时刻",我开始反思,为什么抑郁症的自杀率很高?后来发现,其中一个原因叫作"病耻感",就是患者会对自己患病这件事情充满了自卑、自责和耻辱感,即使症状暂时缓解,如果那些心灵上的伤,一直没能放下,一些突如其来的不经意的触动就会使自我憎恶感再次袭来,且程度一次比一次加剧。

当我开始给自己写这三封信,我才慢慢懂得,那个生病的自己并没有什么错,她也值得被关爱、呵护!

大家都可以尝试着去原谅,即使你觉得没什么怨恨的,也可以试着写一写"三封信",因为有些我们所谓的原谅其实只是遗忘和逃避,那些没放下的伤还会残留在潜意识里,不断伤害我们的未来。真正的原谅,是对于曾经伤害我们的以及自己所犯的错误,不仅排除了心里的负面情绪和想法,并且可以重新用积极心态去面对。只有原谅,那些受过的伤才能长成疤,开出无比美丽的花朵!

## 9. 只有想不到，没有不可能

> 哪怕是在浩瀚的宇宙面前，人类不断进步的创造力，依然无比伟大。
>
> 张凯

**小**时候第一次看到流星，其他的小朋友都忙着许愿，我却在想流星是怎么来的。那个时候我认为我们的宇宙其实是一个礼品盒，这个盒子被密封着，在某个外星球的孩子生日那天被送了出去，而那个外星球的孩子很好奇，趁家里大人不注意，偷偷打开了盒子，于是盒子的外包装被撕开了一条裂缝，这条裂缝在我们的眼里，就是天边的流星。

随着年龄的增长，自然也就意识到了这个自己杜撰的故事有多么地不靠谱，真正的流星其实是被地球引力捕捉到的宇宙尘埃。但无论如何，童年的幻想让我对神秘的宇宙产生了好奇心。所谓的成长，其实就是戳破幻想的过程，因为长大之后，我才知道在物理学家的眼里，无论宇宙如何美丽，它最终都将走向灭亡。

这是为什么呢？现代的天文学家根据常年的观测数据，得出了一个叫作"宇宙膨胀论"的理论。这个理论告诉我们，我们的宇宙起源于一次137亿年前的大爆炸，这次爆炸导致我们的宇宙从一个小小的点（"奇点"）迅速膨胀成一个浩瀚无边的宇宙。科学家们认为现在宇宙膨胀的速度不仅没有减缓，反而还在增加，而如果宇宙的膨胀一直这样持续下去，就会导致一个非常恐怖的结果。

如果一直膨胀下去，也会导致温度越来越低，甚至接近绝对零度，也就是接近零下273.15度，到时候整个宇宙将会变成一个寒冷的地狱，所有的生命都将被活活冻死。这与我们家里的空调制冷的原理相同。膨胀是一个吸热过程，会导致其周边温度降低。压缩、凝固是一个放热过程，会导致其周边温度上升。

因此，如果宇宙的膨胀没有一直进行下去，反而开始向反方向收缩，那么因为空间的压缩，整个宇宙的温度都会剧烈升高，最后会变成一个充满火焰的地狱，所有的生命都会被活活烧死。

大家可以脑补一下恐龙的灭绝，或者科幻电影《2012》，真实的宇宙末日比它们要恐怖无数倍。

不过这些都只是物理学家们的推测，我们在有生之年应该是不会遇到的，但物理学家们可坐不住，他们纷纷撸起袖子，认真研究几万亿年之后人类的求生之路。

人类的生路在哪里呢？就在《平行宇宙》这本书里。

这是一本物理学和宇宙学的科普书籍。作者是美籍日裔的物理学家加来道雄，他不但是一位闻名学界的物理学专家，同时也是很受普通大众欢迎的科普作者，经常受媒体邀请做科学节目。

《平行宇宙》，我相信大家一听这个书名就想问一个问题：传说中的平行宇宙，就像很多穿越剧或者小说里面提到的，可以穿越时空，开启一段新的人生，就像《步步惊心》，与我们这个宇宙平行的另一个宇宙，真的存在吗？

首先给大家一个让人兴奋的结论，根据现在前沿物理学的研究成果，我们有理由相信平行宇宙是存在的。下面我就为大家简单描述一下到底什么是物理学家眼里的平行宇宙。

不知道大家小时候有没有吹过肥皂泡，随着你"呼"地一吹，无数的肥皂泡飘浮在空中，有些很大，有些很小；有些肥皂泡过了一会儿就在空中破裂了，而有些肥皂泡却会越来越大，更有些肥皂泡会从一个分裂成两个。

我们的宇宙其实就像是一片充满肥皂泡的海洋上漂浮的一个肥皂泡，而像我们这样的宇宙还有很多。其他的宇宙有些虽然产生了，但是可能由于自身内部物理规律的不协调，导致了它们在很短的时间内就灭亡了，就像肥皂泡的破裂。而我们的宇宙呢，因为各种物理规则的协调，可以长期存在，甚至孕育出像我们这样的智能生命。而物理学家又推测，我们的宇宙很有可能是从更大的宇宙中分裂出来的，同时它也在不断分裂新的小宇宙。

那知道了平行宇宙的存在有什么用呢？加来道雄在书中表示，这有可能是宇宙末日的时候，智慧生命必然要选择的一条求生之路。宇宙不断发展的结果，要不然特别冷，要不然特别热，在迫不得已的情况下，我们就得离开这个宇宙，去寻找新的栖息地，继续繁衍文明。既然平行宇宙存在，我们就要找到方法去穿越。

科学家们为此提出了各种各样的解决方案，最夸张是科幻电影里经常出现"虫洞"。就是飞船从"虫洞"这一头钻进去，另外一头钻出来，就可以在一瞬间跨越几十亿光年，到达宇宙的彼岸。

可是万一"虫洞"太小了穿不过去怎么办？别着急，物理学家们开了一个大脑洞，他们说把人类文明的成果都做成一个分子，这个分子就相当于压缩硬盘，然后让这个分子穿过"虫洞"。到了另一个宇宙以后，再把它组装成人类文明的样子。

连伟大的霍金先生都这样说："'虫洞'，如果存在的话，会是快速空间旅行的理想通道。你可以穿过'虫洞'到达星系的另一侧，然后再赶回来吃午餐。"

书读到这里，感慨万千，几百万年前我们的原始人祖先们，为了一日三餐这样的小事，都要惶惶不可终日，可如今，我们面对宇宙灭亡这样的大灾难，都会有无数科学家未雨绸缪，积极应对。即使在浩瀚的宇宙面前，人类不断进步的创造力，依然无比伟大。

宇宙学的知识，很多都是颠覆常识，甚至匪夷所思的。可以说，这些科学家们所代表的就是人类思考能力的极限，了解这些知识对于我们每一个人的认识升级都有巨大的帮助。

只有想不到，没有不可能，这是宇宙学给我们最大的启示。

## 10. 不可或缺的想象力思维

> 为什么一个完美的机器人,要去追求成为一个不完美的人类呢?因为这个机器人拥有了理想。
>
> 张凯

人类在漫长的进化过程中,所获得的区别于其他动物的最重要的能力,就是想象力。想象力让我们团结协作,拥有理想,创造文明,也是我们的智人祖先崛起的最根本的地基。

文学就是一种人类想象力的结晶,而在所有的文学类型中,我最喜欢的就是科幻文学,因为它可以以一个现实中的科学原理为地基,生发出来一个虚构的故事,拥有一种真实的梦幻感。

科幻文学作品当中孕育的世界,有些像著名的《三体》那样宏大深邃;有些像《银河系漫游指南》那样让人忍俊不禁;有些像《弗兰肯斯坦》那样让人毛骨悚然;更有一些像《海底两万里》那样,已经在科学技术的发展过程中，从想象变成了现实。

而在今天，为人们所关注的最具有科幻感的技术，便是人工智能，这同时，人工智能更是一个在科幻文学中经久不衰的题材。

提及人工智能科幻文学，就不得不提到一个名字——艾萨克·阿西莫夫。

艾萨克·阿西莫夫在科幻界可以说是一位无人不知无人不晓的大神。他是20世纪美国最顶尖的科普作家和科幻小说家，是美国科幻小说黄金时代的代表人物之一。阿西莫夫一生著述颇丰，光科幻小说就创作了上百部之多，这还不包括他写的科普、历史、宗教、两性等方面的书籍。他的知识面极广，从天文地理到人文历史，无所不包，他甚至还因为出色的幽默感，写过一本《笑话集》。

在科幻迷的心里，阿西莫夫是一个"神一样的人"。他被美国政府授予了"国家的资源与自然的奇迹"这个独一无二的称号，用来表彰他在"拓展人类想象力"上做出的杰出贡献。当然，他最为著名的还是提出了"机器人三法则"，而在他作品当中所创作的"智能计算机"对后世的科幻作家甚至科学家都产生了深远的影响，因而他又被尊称为"机器人科幻小说之父"。同时，他还获得了科幻界的最高荣誉——雨果奖和星云终身成就大师奖，与另外两位科幻文学巨匠阿瑟·克拉克、罗伯特·海因因被并称为"科幻三巨头"。

阿西莫夫的《机器人短篇全集》，收录了他在1939年到1977

年间所写的 31 篇有代表性的机器人科幻小说。这些小说内容各异，但故事核心都围绕着人工智能的机器人来展开，可以说，阿西莫夫在 20 世纪就从不同的角度，构思了当人工智能融入人类生活后，对人类世界产生的方方面面的影响。同时，这本书还为每一位读者回答了一个与我们今天的生活息息相关的问题，那就是，在人工智能蓬勃发展的今天，人类的核心竞争力在哪里？

书中的小说我无法每一篇都拿出来讲，所以我挑出其中具有代表性的三篇小说来为大家讲述人类在人工智能面前三个方面的核心竞争力。

**人类竞争力的第一个来源：人类会犯错**。你可能会问，犯错也会创造竞争力吗？当然。

在这篇被收录的小说《光雕》中，主人公是一位艺术家，她具有超凡的艺术天分，在创作一种叫作"光雕"的艺术作品时，总是具有独特的灵感。这为艺术家赢得了很多的人气，大家都羡慕她有这样的创作实力。一位科学家也很喜欢这种"光雕"艺术，但是他总没办法像艺术家一样创作出有美感的作品。

一天，科学家在艺术家的家里做客，偶然间发现艺术家的家里有一个人工智能的机器仆人，这个机器人的程序设置上有一些小问题，就是咱们俗称的"BUG"。科学家在未经艺术家允许的情况下，擅自修好了机器仆人的程序，让它又可以完美地运行。然而当艺术家知道这件事情后，却大发雷霆。

原来这个艺术家之所以能有源源不断的创作灵感，一个最重要的原因，就是这个有问题的机器仆人。这个"脑子有病"的机器人，在输出计算结果的时候，总会发生一些偏差和错误，而正是这些错误，成就了艺术家眼中独特的美感。当这个错误的程序被修缮到完美的时候，它就又变回了那个按部就班的机器仆人。艺术创新的灵感源泉，也随之消亡了。

阿西莫夫想通过这个故事告诉我们：人类之所以信任人工智能，就是因为人工智能掌握强力的算法，它可以完美地按照程序来处理问题而不会犯错。但在阿西莫夫的眼中，会犯错误，在某些情况下，也可以创造出独特的价值。

小说中这个会犯错误的机器人，其实就是代指我们人类，可以将理解为一个天真懵懂的孩子，它虽然经常犯错，但也能创造出特别的事物。而那位科学家，就像一个严厉的教导主任，经过他的"修缮"，孩子不再犯错，但也不再"独特"了。

这个故事不是想说：赶紧弄一台"脑子有病"的机器人吧！而是希望人类正视自己，我们或许无法像机器那样完美地执行命令，但我们的伟大在于"犯错误"所带来的未知的无穷性和可能性。

**人类竞争力的第二个来源：更强的计算能力。**听到这里，肯定会有人不相信："什么?!人类的计算能力比人工智能还要厉害？胡说吧？"当然，纯粹数学上的计算，人类的确没法和计算机相提并论，但在某些方面，人类的计算能力，远远超过计算机。

《镜像》这篇小说的主人公是一名侦探。一天，这个侦探接到一个案子：有一位老教授和一名年轻学者，两个人都是数学家,一个已经是学界的泰斗,另一个还是学界的新秀。

有一天,老教授灵感迸发,想到了一个数学上的新构想,他迫不及待地想找人分享,正好就遇到了这个年轻的学者,于是老教授怀着兴奋的心情,把自己的构想毫无保留地分享给了对方,双方讨论得非常开心。可到了第二天,年轻学者却声称那个构想是自己首创,是老教授剽窃自己的智力成果。年轻学者和老教授对于这件事情各执一词,他们的表述除了主语和宾语互换了以外,几乎完全相同。

而更加麻烦的是,由于他们讨论的是复杂的纯数学理论,普通人根本听不懂,所以周围的路人哪怕听到了一点也不足以纳入证据。在现场的除了两个当事人外,就是跟在当事人身边的机器仆人。这些人工智能的机器人看到了整个过程,也完全能够理解他们的主人在讨论什么,但两个机器人也分别各执一词,为自己的主人辩护,他们的表述除了主语和宾语互换以外,也惊人地相似。

这个案子的双方,就好像是彼此的镜像,这也是小说题目的由来。

而当这个案子摆在侦探面前的时候,侦探凭借自己多年的经验,几乎一瞬间就知道了谁才是撒谎的人。不但如此,他还设下计策,让撒谎者的机器人在不可调和的逻辑冲突中烧坏了计算机芯片。面对铁证,撒谎者承认了罪行。

那么,是谁说谎呢?答案是"老教授说谎"。为什么侦探可以在一瞬间就判断出结果呢?道理其实非常简单,因为老教授的表述违背了"人之常情"。

作为一个声名显赫的科学家，新的科学构想不可能在第一时间去找一个年纪轻轻的新秀学者一起讨论，但相反，一个年轻学者，却有可能因为对于大师的崇拜，第一时间把自己的构想去跟老教授分享。老教授贪恋这样的智力成果，所以才铤而走险，想用剽窃的手段，为自己即将结束的学术生涯画上一个完美的休止符，结果却弄巧成拙。

我们总是觉得，在计算机强大的计算能力面前，人类的大脑几乎没有任何优势可言。但阿西莫夫却通过这个故事告诉我们，对于"人之常情"的计算，机器比不过人类。

人类的大脑是在几十亿年的漫长进化而形成的复杂系统，我们在日常生活中待人接物的经验形成了一种无法用语言来表达的隐性知识，这些隐性知识在理性算法越发强势的今天，也就越发显得宝贵。所以，对于人性的洞察，正是人工智能所无法胜任的领域。

基于此，今天有很多的人工智能专家，都在不同的场合表述过，机器人越强大，人类对于人情世故和察言观色能力的把控，就越弥足珍贵。而阿西莫夫，通过这篇小说，在20世纪的中叶，就预见了这种可能性。

**人类竞争力的第三个来源：人类有理想**。在这篇小说中，这个竞争力不但强大，而且感人。

《双百人》小说的主人公是一个人工智能的机器人管家，这个管家在长期和人类相处的过程中不断地学习和进步，终于逐渐形成了自己的思想,甚至拥有了自己的理想。它不愿意像其他机器人那样每天按部就班地只为人类工作,它想获得一个其他机器人都没有获得过的东西——人权!它希望自己能变成一个真正受人尊重的有人权的人类,并且能够得到人类群体的接受。

这个理想从一开始就很难被接受,无论是人类社会的法律法规,还是基本的伦理道德,都很难接纳这个机器人管家。甚至,当这个管家的理想被普通的人类知道之后,它还在大街上遭到了羞辱和伤害。幸好管家的主人及时赶到,否则后果不堪设想。

经历了重重困难之后,管家的理想变得越来越执着,它决定用为人类社会做贡献的方式来获得人类的认可。于是它在艺术和科学等许多领域,为人类社会做出了大量的贡献,也因此而收获了许多粉丝。大家都很尊重这个杰出的机器人管家。

日月如梭,时光飞逝。从管家侍奉的主人离世,再到小主人长大成人,结婚生子,然后再老去,漫长的时间和巨大的贡献并没有让人类社会真正地打消疑虑,接受这个杰出的机器人。究其原因,是因为机器人和人类有一个根本性的差别,这个差别像一道无形的天堑,阻挡了管家理想的实现。这个天堑的名字叫作"寿命"。

人类是一种注定要面对生老病死的动物,而机器人则不然,它们的身体零件可以随时更换,只要没有人为进行破坏,并不存在衰老和死亡,从这个角度上来说,机器人天然地就具有了长生不老的能力。而也正是这个根本性的差异,让人类社会无法接纳它成为人类的一分子。

机器人管家为了实现自己的理想，给自己做了一个外科手术，这个手术会修改甚至伤害自己中枢系统的电子径路，让它也可以像人类那样衰老和死亡。在故事的结尾，人类社会终于接受机器人管家成为人类的一员，人类联盟的世界主席向全人类宣布："他不再是一个机器人，而是一个两百岁高龄的人，瑞。"

最后，他实现了理想，在怀念自己曾经最喜欢的小主人的梦乡里，离开了人世。

永恒的寿命是完美的，有限的寿命是不完美的。为什么一个完美的机器人，要去追求成为一个不完美的人类呢？因为这个机器人拥有了理想。

阿西莫夫笔下的这个机器人管家，其实就是代指了追求理想的人类。计算机程序只会按照写好的代码来完成自己的指令，无论再怎么发达和先进，终究都只是工具。而拥有理想的机器人管家，却在追求人类认同的道路上，为整个社会做出了许多超越普通机器人的贡献。这恰恰是阿西莫夫在告诉我们，拥有理想的人，能够超出指令去追求自己真正想要的东西，以主人翁的精神去创造更大的价值，而不是仅仅作为一个工具存在。

中国古代儒家思想中有"朝闻道，夕死可矣"的誓言，意思是说，只要能够聆听圣人的教诲，实现自己学习的理想，付出生命也在所不惜。从这个角度看，阿西莫夫小说中的机器人管家，还真有几分中国古代大儒视死如归的风尚。

每一个人都有自己的理想，无论大小，这些理想都在促使我们前进，是我们自我认同的根源，实现价值的前提。如果缺失了理想，生活中一点点的挫折，都会把我们击垮，让我们变成行尸走肉。就像电影里说的那样"人没有理想，和咸鱼有什么区别"。人类或许不是最聪明的，但却是最有勇气的，而我们的勇气，就来自于我们的理想。

所以，**人类的第三个核心竞争力，就是"基于理想而产生的勇气，让我们超越过去，创造了更美好的未来"**。

总结一下，人类在人工智能面前的三大核心竞争力。

竞争力一：人类不是计算程序，所以很有可能会犯下许多意料不到的错误，这些错误在许多情况下也会绽放出独特的价值，为我们开拓出一片从未见过的新天地。所以，人类的竞争力是基于不确定性而带来的更大的可能性。

竞争力二：人类在漫长的进化中拥有属于自己的独特的观察和思考系统，这让人类在日常人际交往和人情世故的洞察上，超越了基于程序和算法的人工智能。而在未来社会里，这些独属于人类自己的"人情"洞察力，会成为人工智能世界中非常重要的价值。所以，人类的竞争力是在算法之上的对"人情"的洞察。

竞争力三：人类不是冷血动物，他们拥有自己的意识和判断，更会拥有自己的理想和信仰。这些超越一般欲望的强烈追求，会让普通人都爆发出超强的战斗力，激发出我们未曾想象的潜能，也会成就许多事业。机器人只会按照程序来执行命令，所以终究只是人类的工具。而具有理想，并且愿意为了理想而奉献，这是人类身为主人的象征。所以，人类的竞争力是拥有理想，并且愿意为了理想而期待未来，创造更美好的明天。

这本《机器人短篇全集》中的故事,远远不止刚才讲的这三篇,除此之外,还有其他很多有意思的故事。比如,当上了市长的机器人,是如何巧妙隐藏自己的真实身份的;死脑筋的机器人,是如何因为严格执行命令而闹出一系列啼笑皆非的笑话的……都非常有趣。

虽然阿西莫夫是一位享誉世界的科幻大师,但是毕竟这些小说都写于20世纪中叶,内容难免有时代的局限性。比如,在小说中有一种叫作"全息影像通话盒"的装置,其实就是我们今天的视频通话,但对于20世纪的阿西莫夫来说,用手机视频通话,实在是很难想象的。还有,小说《双百人》中一心希望成为人类的机器人历尽艰辛才实现了理想。而今天,沙特阿拉伯居然大大方方地授予机器人索菲亚以公民的身份,不知道阿西莫夫如果看到这一幕,该作何感想呢?

所以,这也从侧面印证了那句"现实,或许比你想的更精彩"。

## 11. 换个角度评判失败者

> 我们觉得他可怜，其实在他心中，焉知不是心满意足？
>
> 郝彧

《天龙八部》是金庸先生的经典作品之一。往宏观了说：胡汉恩仇，横跨五六国演义；江湖纷争，纵贯数十年生死。格局不可谓不大。往微观了说，《天龙八部》源自佛经，象征世间百态，据说凡人都能从中找到自己的影子。今日我们就从慕容复的视角再看一次《天龙八部》，找找当代人的影子。

慕容复是一个北宋时期的没落贵族，年少有为，名动江湖，为复国事业半生奔波而终究发了疯，说来大家并不陌生。从纸面上看，这个"第四主角"其实是很累的：他既要凸显乔峰的坦荡，又要烘托段誉的痴情，还得花光一生运气来为虚竹或者说他代表的缘法作反面教材。但如果你穿透平面的书页，置身"天龙"世界，走一次慕容复的起承转合,不敢说沉默、流泪,至少你能肃然起敬。

先说"起"。慕容复首次正面出场于《天龙八部》第十七章《今日意》,就是段誉护送中毒的王语嫣逃生,慕容复假扮西夏军官在小磨坊里对段王二人困而不杀的故事。博学而不精湛,心高而又气短——把慕容复写得淋漓尽致。有人说,这是他假扮别人,不能算数,而我以为,戴着面具的西夏"李延宗",恰恰是最真实的姑苏慕容复。人在戴着面具、鬼神不知的时候,多大的丑陋和凶恶都敢于宣泄,可见慕容复的"大奸大恶",也就是吃吃醋、逗逗能、骂骂人、给自己打打鸡血——一个真实而有点可爱的男人。

再说"承"。从三十一章到三十八章,珍珑棋局和天山童姥的部分。慕容家胜有胜的潇洒,败有败的风度。尽管我们知道这是逍遥派和虚竹的主场,但慕容复就连无趣都讨得蛮精彩。

人心虽然无尽,但身体却很容易满足,身为现代拖延症患者的你我,应该更明白这一点。反观慕容复,他做点什么不好:开帮派,一代宗师;做生意,家财万贯;就算是做个败家子,也能荒废上个十年。但他没有,你我看到慕容复时,他就在奔波。别人在被生活推着走,他是最能选择安逸的,可外享大名、内图厚实,也可美人在侧、兄弟并肩。但他靠着极强的自我驱动力和规划执行力,为着复国梦屡败屡战,步步为营。

作者就借英雄之眼看他人中龙凤,正所谓:"腰悬长剑,飘然而来,面目俊美,潇洒闲雅。"——这一段正是慕容复从"男人"到"男神"的一段。

笔锋一"转"。四十章到四十三章,少室山一战,于慕容复而言,是"由神入魔"的节点。几番输给段誉、一招败给乔峰、自杀而不可得——是"南慕容"尊严的瓦解;死去多年的父亲突然现身相激,很快父亲自己却放下了王霸雄图——是"大燕复国"信仰的崩塌。

之后,他仿佛一夜之间长大了。就像自己说的:"要我觉得真正快乐,那是将来,不是过去。"为了将来,他就一直在失去:招驸马,失去了王语嫣的感情;掌劈家臣,失了兄弟;手刃舅妈,失了亲戚;甚至不惜改姓叛国……

从四十五章到四十八章,慕容复似乎在将他的形象一点一点撕碎给读者看,但别忘了:"天龙"世界里,杀父是深仇,夺妻是大恨,有的人抢男人能是毕生正业,有的人睡女人也能冤及几代。复国,或许不过是所谓的"白日大梦"。

有人的归宿是"家",慕容复的归宿却是"国";普通孩子最先学会说"爹娘快来",他最先学会的可能是"众卿平身"。这个时候,你也许会有些动容了:你白日纵酒,他可能在置备粮草军械,你道你大好男儿不屑与他齐名;你夜间念佛,他或许在苦读兵书史册,你道你佛爷慈悲不当屠戮众生……这算什么?

若能跳出个人局限,代入身份,或许我们会发现,如果不曾担起天下,就不要空谈放下——没有能力拿得起,有什么资格谈放下!如果不曾心怀故国,就不要用宽广还是狭隘来丈量心胸——一个胸膛装了支离破碎的山河后,能剩下几多闲情豪气?

如果不曾听闻帝国轰然倒塌的回响，就不要用人伦来定义国度——苟利大业，父兄可弑、子弟可杀，那是多少堆白骨之后的血泪教训！

命运在跟他狠狠地开着玩笑，仿佛曾经每一笔的潇洒，都是为了毁灭给人看的。但慕容复几乎是《天龙八部》里唯一一个没有向命运低头的人。如果说还有一个，那就是乔峰——北乔峰，用自杀的方式勾连起胡汉恩仇，散尽了英雄豪气。而南慕容，身不死、心不灭，机关算尽，发疯的那一刻，至少在自己的世界里，他已成王。从某种角度上，这是北乔峰、南慕容的又一次齐名。败者为王，在悬崖谷底，在山林深处，闪耀着王者光辉。

怎么"合"上慕容复，下笔都太狠。"冢上兴复大燕"的总体不变，金庸老先生给他的结局在不断推演：从初版的独自一人，到三联版有阿碧相陪，而新修版索性让王语嫣也回归到了这落魄王孙的身边。

较为经典的三联版本这样结尾："……只见慕容复坐在一座土坟之上，头戴高高的纸冠，神色俨然。"还记得开篇的小磨坊吗？那是段誉、王语嫣和慕容复的故事，这里非常相似。"……慕容复道：'众爱卿平身，朕既兴复大燕，身登大宝，人人皆有封赏。'"作者借段誉之眼看去，慕容复也是一副"志得意满"之态，心中登时一凛，点出：我们觉得他可怜，其实在慕容复心中，焉知不是心满意足？

《天龙八部》最后一句如是写道：众人都悄悄退了开去。但见慕容复在土坟上南面而坐，口中兀自喃喃不休。

他喃喃些什么呢？如果要我猜，也许是这样的：

小筑琴韵、水榭听香，然而我的幸福注定不是现在，而在未来；

青云赤霞、金风玄霜，然而我的情谊注定不在兄弟，而在君臣……

你尽可以为我的婢子塞外牛羊，

你尽可以为我的近侍袖手江山，

我没有倾尽天下的奇遇，

只有"以彼之道还之彼身"的自立自强。

政、兵、武，

武微末，尚可兵甲天下。

却时常用"斗转星移"来告诉自己：

你不能骄傲！

凡人的幸福，有时羡慕，却不稀罕；

你是虏或侠、是儒或帝、是僧或佛；

我却是王，

不变的王。

## 12. 枢纽

> 中国,正在成为海洋秩序和陆地秩序的中枢,正在成长为整个世界的枢纽。
>
> 瞿茂林

今天我们来聊一本野心很大的书《枢纽》。为啥说野心很大呢?你看书的副标题,叫"3000年的中国",就自然感受到了这本书的野心了。我们熟悉的《人类简史》《未来简史》《丝绸之路》等等,都是格局很大的书,全球视野,贯通感强,让你脑洞大开。但如果想搞明白"中国是谁?""中国从哪儿来?""中国到哪儿去?"这样的中国命题,前面几本书就不太管用了,显得太宽泛。必须用《枢纽》来帮助我们建立贯穿中国3000年历史的认知坐标系。

作者施展,算是当下中国少有的史学俊才,和尤瓦尔·赫拉利有得一拼,也是个学术野心极大的人。本来是个工科生,后来转战到史学领域,跨界打劫,乱拳打死老师傅。司马迁的《史记》，确立了写史的高级目标："究天人之际，通古今之变，成一家之言"，而《枢纽》正朝着这个目标进发。

按今天的理解，"究天人之际"就是历史的空间轴，而"通古今之变"就是历史的时间轴。《枢纽》的空间轴涵盖了平原、草原、雪域、高原、海洋等多个亚区域，而时间轴则是从商周之变到今天的3000年，时空交合搭建起了一个宏阔的历史坐标系。今天我们从一个小话题切入，来一窥这个坐标系的演化机制。话题就是：为何在中国古代历史上，从来没有哪个纯粹的汉人王朝，能够稳定可持续地同时统治长城南北？

首先必须要界定一个概念：什么是汉人？在古代，所谓汉人并不是基于血统定义的，历次民族迁徙，让汉人或多或少有了北族的混血，更何况在西周时期，被视为蛮夷的楚人、越人等等，进入帝国以后，也就被当作了汉人的一部分了，所以血统根本靠不住。那么，汉人是用什么来定义的呢？答案是，根据文化来定义。具体来说，就是儒家文化。

儒家文化与以心灵皈依为载体的基督教、伊斯兰教等不同，儒家文化必须以伦理结构为载体。比如天地君亲师、三纲五常、三从四德，脱离开伦理结构，孤身一人就无法实践。而伦理结构的发育，天然的要求稳定的家庭组织。稳定的家庭组织的前提，是必须定居。所以孔子要求"父母在，不远游，游必有方"。如果大家都到处流浪，人口高度流动起来，交通通信又很落后，父母兄弟不知道彼此在哪儿，伦理结构就会荡解。

定居的条件，是必须农耕。农耕的自然约束，是必须达到400毫米的年降水量。如果少于400毫米，就无法依靠农耕，只能采取游牧的生产方式。而在古代中国，400毫米等降水量的南北分界，基本上就是长城一线。如果越过长城以北还想活下去，就必须游牧化。然而一旦游牧化，也就意味着被动放弃了中原的家庭伦理结构，放弃了儒家文化，放弃了汉帝国生态系统。

汉朝初年，刘邦统一天下之后，雄赳赳地和匈奴干了一仗，结果被匈奴围困在白登城，七天都没饭吃，好不容易才逃了命，这成了汉家天子的一大耻辱。之后几十年，文景二帝都只能和匈奴和亲，搞怀柔政策，养精蓄锐。到了汉武帝的时候，前后用了四十年的时间，派遣卫青、霍去病几度出击漠北，才终于击败匈奴。谱写了"匈奴未灭，何以家为""但使龙城飞将在，不教胡马度阴山"的豪迈，激励了后世两千年华夏男儿的热血。

但是，如果我们回到历史现场，就会发现，在汉军打败长城以北的匈奴之后，仍然撤军南返，并没有长期驻军。这是因为，对匈奴的持续作战，耗光了汉帝国的中央财政。英雄如汉武帝，也不得不给自己下了个《轮台罪己诏》，检讨自己穷兵黩武，让国家民穷财困。决心不再征战，休养生息。

你也许会说，汉朝的军队为什么不能在草原就地建立根据地，进行以战养战呢？这是个好问题。但是你想啊，由于在草原是逐水草而居，不能够实行定居生产。所以，汉军和匈奴的军队一样是不可能建立稳定的根据地的，也只能和匈奴军队一样进行游牧化。长此以往，汉军脱离帝国的财政控制，也会变成游牧军阀，由于它又了解原来汉帝国的军事部署，所以它就会变成一般比匈奴军队更可怕的力量。因此，当我们回到历史的现场，我们就知道汉武帝在两害相权取其轻的状况下，只能让汉军南撤，这是必然的历史选择。

既然不能长期驻军长城以北，那就意味着不能对匈奴进行实质性的统治，只好退而求其次地采用朝贡体系。后来几千年长城南北的统治关系，也都基本遵循着这个模式。这个模式正是古代中国在大陆秩序内部建立的一套纳什均衡的博弈框架。

对刚才这个问题的演绎，实际上只是管窥了《枢纽》全书中一个细微的话题。但正是通过这个话题，我们获得了一个击穿历史现象，捕捉历史坐标系演化动力的视角。用这个视角，进而可以透视整个3000年的中国，如何从商周之变的贵族社会演化到汉唐时代的豪族社会，如何从宋元明清的古代平民社会演化到现代平民社会。沿着这个清晰的演化脉络，我们就会洞见，海陆丝绸之路同时并举的底层逻辑。这是因为，中国正在成为海洋秩序和陆地秩序的中枢，正在成长为整个世界的枢纽。

## 13. 枪炮、病菌与钢铁

> 强者和弱者的分化,也许不是某个单一原因造成的。
>
> 王冠傑

**我** 是一个分子人类学的从业人员。

分子人类学,其实就是通过比较 DNA 的差异,探索人类的起源问题。例如通过对世界各地不同的人进行抽样检测,我们发现现在各个大陆上不同的人,其实都是六万多年前从非洲东部地区走出来的一位智人祖先的后代,也就是说我们大家都是兄弟姐妹。纵观整个历史时期,亚欧大陆的人类社会总是处于最先进的地位。那么问题就来了,人类有同一个祖先,各个大陆上又有同样多聪明的人,为什么每个大陆的发展会如此不均衡?为什么亚欧大陆发展得最快,而美洲、非洲呢?

其实有过不少理论去解释这个问题。比如说气候论,大概意思是欧洲比较冷,人们为了活着不得不琢磨着盖房子、缝衣服，所以智商进化得越来越快；非洲比较热，人们什么都不用做就能活得很好，所以就不怎么需要进化。长此以往，欧非两地人的差异就会越来越大。还有人种论，把人类分成了黑种人、白种人、黄种人、棕种人四类，通过不同人种本身的差异去说明为什么各大洲发展速度不均衡。

而我们知道影响一件事情发展的因素中，除了内部因素之外一定也有外部因素。以前研究这个问题的人都局限于找内部因素，那么外部因素呢？

今天给大家介绍的《枪炮、病菌与钢铁：人类社会的命运》，就会通过遗传学、分子生物学、流行病学等科学方法告诉我们，人类为何发展成今天的格局。作者贾雷德·戴蒙德在这本书中指出，不同大陆发展速度的差异其实并非与人种有关，而是整个大环境导致的。作者创新性地回答了现代世界和人类社会诸多不平等的根源与原因，指出了环境对人类历史的重大影响。《枪炮、病菌与钢铁》出版一年就获得普利策奖，同时受到比尔·盖茨等人的推荐。

那么，就让我们通过本书中的几个关键故事，来看看戴蒙德是怎么论证他的理论的。

现在，我们一起回到公元1000年的美洲大陆，那里生活着至少2亿名印第安人，数量是同时期中国人的2倍，比全欧洲的人口还多。仅仅500年后，印第安人的数量下降了90%以上。以南美洲最强大的印加帝国为例，数千万人口的印加帝国在短期内被几百名来自欧洲的西班牙入侵者征服了，期间死伤无数。其实西班牙人的优势,就来源于他们的"枪炮、病菌与钢铁"。

首先,枪炮的发明让欧洲人在战争方面一度处于领先地位,他们用了当时最先进的火绳枪。

对面的印加帝国士兵如此高密度地站着,一枪下去就算不瞄准也能够打中人,而且凡是打中不死的也会残疾!印加帝国士兵可没有先进的钢铁盔甲,基本上能有快木头盾牌就不错了,但这木头盾牌能挡住子弹吗?结果显而易见,西班牙仅仅用168人就征服了拥有8万大军的印加帝国。不过,由于巧妙利用地形和人数优势,印加帝国也赢得了一些胜利,缴获了部分枪炮和钢铁盔甲。那么印加帝国为什么仍然没有扳回沦陷的局势呢?因为病菌!

西班牙人所到之处天花横行,在这场侵略战争中,大量印加帝国士兵不是被枪炮干掉的,而是被天花杀死的。有统计数据证明,在哥伦布登陆美洲大陆后的100年内,95%的印第安人死于天花、伤寒、流感等欧洲流行病。可见病菌才是最大的杀手,看不见的敌人才是最可怕的。

世界上各个国家为什么有的强有的弱?答案基本就是这本书的名字——枪炮、病菌和钢铁。

但是为什么亚欧大陆拥有这些得天独厚的优势而其他地方没有呢?下面我们继续讲一下作者的推理。

就以病菌为例,遇到得天花的西班牙人,东亚人顶多流个鼻涕,但是美洲的印第安人怎么就倒一片呢?也太不公平了吧。作者给了一个答案——牲畜的致命礼物。

得不得天花跟畜禽养殖有关，天花来自牛，流感来自猪和鸭。总而言之，一个民族养殖牲畜和家禽的种类越多，除了伙食变丰富之外，体内也越容易产生抗体。

一个民族抵抗传染病的能力跟这个民族驯化的物种丰富度有很大关系。作者统计过 20 世纪前可以被驯化的大型食草动物共有 14 种，而亚欧大陆非常幸运，天然就拥有其中的 12 种动物，南美只有羊驼这 1 种，北非只有毛驴这 1 种，其他大陆连 1 种都没有。所以其他大陆居民的免疫力普遍低于亚欧大陆。欧洲人登陆美洲后，他们身上携带的病菌也跟着登陆了美洲，遇到美洲本地的印第安人就相当于大灰狼入了羊群。

到这儿就理清了为什么病菌在亚欧大陆没有肆虐，是因为亚欧大陆有着得天独厚的环境可以驯养大量动物。如果说这个优势是先天条件，那么另两个优势"钢铁"和"枪炮"更多的是后天的研究。那为什么还是亚欧大陆领先呢？

世界上的文字有两个主要发源地：地中海和东亚。

打开地图可以看到，地中海和东亚正处于亚欧大陆的两端，维度相近，都处于温带和亚热带气候，这样的气候适宜人类繁衍生息。两地人口基数比较大，交通比较便利，各种创意点子层出不穷，技术进步也比较快。历史上地中海和东亚两个中心不断交流，例如丝绸之路便带动了两地的技术交流。

以枪炮为例，中国人早期发明的火药经阿拉伯人传播到欧洲，并在欧洲的各种战争中不断改良，最终又以火炮的形式传回中国。这个过程总共才花了 500 年，而同样 500 年的时间里，美洲仅仅做到了将玉米从墨西哥往北传到美国西南部。所以亚欧大陆进步的速度越来越快，最终超过了其他大陆。

其实关于人类学的书有很多，我之所以推荐《枪炮、病菌与钢铁》，是因为它看待事物的角度另类、独特。

强者和弱者的分化，也许不是某个单一原因造成的。《枪炮、病菌与钢铁》从人类所处的大环境去思考为什么各个大陆发展差异巨大这个问题。不只是因为人不努力，也不只是是因为气候让人变聪明，就连大陆地形对此都有影响。这本书脱离了点状思维而上升到面的高度从各个角度进行思考。

在书中作者说道："的确存在着适用于历史的广泛模式，而寻找对这些模式的解释不但令人陶醉，也是大有裨益的。"在人类演化过程中发生的所有事情不能重来、不能做实验，所以这是一个没有标准答案的问题。人类学家往往可以从不同角度寻找答案，并且自圆其说，而人类文明发展的迷人之处也在于此，可以带给我们无限的遐想。

## 14. 蜥蜴脑法则

> 这个世界上影响别人的唯一方式是与别人谈论他们想要的东西,并告诉他们如何得到它。
>
> 王炜

每次在家对孩子发脾气我都很后悔,觉得自己没做好;而每次在家跟老婆吵完我也很后悔,觉得自己没发挥好!还有两笔账忘了跟她算,有一个地方逻辑不自洽。夫妻之所以会吵架,其实就是因为观点不一致,然后想改变对方。能改变吗?说能的都是还没有结婚的,还没有充分认识到这个世界是很残酷的。

那么对别人不管用,对自己管不管用?我是一个胖子,有人说胖子怕过夏天,一动一身汗。其实胖子更怕过冬天,你穿得多,人家说你胖子还怕冷;你穿得少,人家说胖子还真是不怕冷。胖子的世界是你们不能想象的,很苦,我若不减肥,谁替我坚强?但现实情况是,有几个人能减肥成功?管住嘴、迈开腿,道理已经浓缩到这么简单粗暴了，还是屡战屡败。可见，对自己讲道理也是没有用的。

那么，到底什么有用？《蜥蜴脑法则》这本书告诉我们：为什么我们苦口婆心，对方却依然置若罔闻？为什么我们懂了很多道理，却依然过不好这一生？这本书的书名里有一个新概念，叫蜥蜴脑，什么是蜥蜴脑呢？

脑科学告诉我们，人的大脑由三部分构成。

第一部分是本能脑，它的作用是让身体对外界刺激迅速做出反应，也就是蜥蜴脑。因为1亿年前就有蜥蜴了，那时候它们混得风生水起，个头很大，叫恐龙。这也是我们大脑里最重要的部分，我们走路时，会去思考先迈左腿还是先迈右腿吗？我们呼吸时，会去先分析自己血液里的氧气含量吗？我们觉得很热时，会先制订一个出汗计划吗？不会，本能脑就直接搞定了。没有本能脑，我们一分钟都活不下去。

第二部分叫情绪脑，它的作用是关注当下的欲望。情绪进化了超过5000万年，一般的哺乳动物都有。为什么我们家里养宠物都爱养小猫小狗，很少有人养蜥蜴蟒蛇？就是因为小猫小狗通人性，说白了就是有情绪的能力，会讨好、会发脾气、会粘着你，蜥蜴蟒蛇就不会，不可爱。

第三部分叫理智脑，也就是大脑皮层，它最重要的作用是可以想象、推理、计划。这部分的进化时间就比较短了，大概有250万年。大脑皮层越发达，思维能力越强。

三部分各司其职，相互配合，有时也互相打架。

举个例子你就明白了。当看到美女时,男士们通常是什么反应,是不是目不转睛地看?这时就是你的本能脑,也就是蜥蜴脑在支配你的行为。正当你看得起劲时,一双阴沉的眼睛出现在你的脑海,你吓得一哆嗦,那是老婆或女朋友的眼睛,冷冷地看着你。你也及时良心发现,觉得确实不太好,这时就是你的情绪脑在发挥作用。可是你又转念一想,看看又不会留下什么证据,何况爱美之心人皆有之,自己又没做什么,于是继续看,这时就是你的理智脑在起作用。

人有两种思维系统,一种是反射式思维系统,也就是我们的理性思维,是有意识的;还有一种是自动式思维系统,是无意识的。很多脑科学研究和大量实验证明,我们所有的决定都受到自动式思维系统的影响,在很多决定中,自动式思维系统甚至是唯一的主宰。

下面我们对比一下这两种思维模式:

反射式思维是单一处理模式。我们经常说一心不能二用,说的就是这个,但我们经常会一心二用,甚至多用。比如开会的时候,一边开会,一边处理邮件,一边还开着聊天窗口,这样看上去同时干了三件事,效率翻了三倍,实际上效率极低,一件都干不好,效率可能是零。这是有脑科学依据的。

但自动式思维就不一样,它是多重处理模式。就像现在,你的眼睛在看,耳朵在听,呼吸也没有停止。如果条件允许,完全还可以把椅子换成一个健身自行车,边锻炼边听,这些用到的都是自动式思维系统。

两种思维系统的信息处理能力也是天壤之别。

科学研究表明，每秒钟仅通过视觉进入我们大脑的信息量就达 1000 万字节，再加上听觉、触觉、味觉、嗅觉等途径，自动式思维系统的信息处理能力差不多是 1100 万字节每秒钟，而反射式思维系统每秒钟能处理的信息量大概是 40 字节，就是你可以理性思考的信息量。二者的能力相差 275000 倍！一个是双向十六车道的高速公路，一个是乡间小路。哪一个对我们影响更大，不言而喻。

反射式思维可以处理长远的问题，能够学习新的任务；自动式思维只关注当下，善于完成经过训练后的熟练任务。在《刻意练习》那本书里，也有类似的描述。

无意识的自动式思维这么重要，那么我们怎么去跟掌管自动式思维的蜥蜴脑对话呢？书中给出了七个方法，我把它们总结成三个方面。

第一，别管意识，直接改变行为。我们从小到大的惯性思维是，要想改变一个人的行为，一定是先改变他的态度，态度改变了，行为就会跟着改变。所以我们经常把转变别人的态度当成我们说服的目标。这个很难，而且没用。

先说为什么很难。书中介绍了一个概念叫"智力抗体"，我们的大脑总是选择那些我们愿意相信的。"你永远叫不醒一个装睡的人"说的大概就是这个意思。

谈恋爱时，情人眼里出西施，胖是丰满、瘦是苗条，个高是挺拔修长、个矮是小鸟依人，脾气好是温柔体贴、脾气差是率真

第二章 思维的重建

自我，事业心强是积极向上、事业心差是懂得生活，总之怎么看怎么好。这就是我们的大脑在选择性认知，只看到好的，拒绝看不好的，只看自己愿意相信的，谁说都没用。

工作中也是一样。当特别想要干成一件事情时，基本上是劝不住的。你说风险太大，他说收益很高；你说成本太高，他说机会难得；你说客户调查结果不理想，他说就是要教育客户、引领市场。反过来也是一样的。当特别不想干一件事时，你说收益很高，他说风险太大；你说机会难得，他说成本太高；你说我们要教育客户、引领市场，他说没有调查就没有发言权。当我们坚持了一个观点后，总是会找各种有利的证据去证明这个观点是正确的，同时忽略那些不利的证据。

改变观念很难，也没必要，我们要改变的是结果。说服的真正目标是改变人的行为，让人以不同的方式行事，以产生我们期望的结果。比如让客户购买你的产品，让吸烟的人不再吸烟，让想减肥的人管住嘴迈开腿瘦下来，让熊孩子早睡早起不赖床……如果能让别人以你期望的方式行动，那么不管他们的态度有没有改变，你都是成功的。

举个例子。对一个有责任感的直男来说，陪老婆逛街是一件极其痛苦的事情，女人逛街一旦逛嗨了这个前额叶基本就消失了，左一件衣服右一双鞋子地问你："这件怎么样？亲，我穿好看吗？"这个时候，你要说好看，那你要考虑一下你下半个月咋过，你要一直说不好看，那你要考虑一下你今天咋过。一边是自杀，一边是自残，弄不好还会先残后杀，受两茬罪。

这里面的难点在于你得改变她的观念，让她知道适可而止，钱得计划着花。如果你把这话说出来，摆事实讲道理：你看咱家每月房贷是多少钱，车贷多少钱，每月买菜多少钱……你看我有记账……老婆会怎么说？"你不爱我，你就在乎钱。"你看，逻辑这么混乱，日子还怎么往下过？

但是你别忘了，你是在跟什么脑对话？咱们前面不是说了吗，女人逛街一旦逛嗨了这个前额叶基本就消失了，所以你是在跟她的蜥蜴脑对话，根本听不懂道理的，你要想省钱还能保命，不要试图去改变观念，直接改变行为。怎么改，下面是秘籍大放送：

你要认真地帮她挑选，把这当成你自己的事，但不论什么衣服，都说："这件颜色很好，不过你穿上有点显胖！"或是"这双鞋子很别致啊，就是有点显老！"再或者说"这件样式很赞，但穿上皮肤有点显黑！"任何一个女人都受不了老、黑、胖这三个字，所以，这三个必杀技轮番用就可以了。实在不行还有一句备用的"真的不错，但总感觉和你的风格不搭，我也说不出为什么！"逛到最后累得不行了，去肯德基花十块钱买两个甜筒冰激凌，万事如意，天下太平！

当然了，白逛一天也不太好，一件都没买也不合适，但是一旦放开，风险又太大，怎么办呢？改变行为最好的办法是改变环境。环境变了，行为自然改变。

陪老婆逛街续集。第一，不给足够的逛街时间，把日程安排得满满的，什么看电影、吃饭，让她只能在碎片时间去逛逛衣服店,风险就降低很多;第二,不给合适的地点。引导她去逛的店。要么就是巨贵无比完全超出你们消费能力范围的品牌,好几万一件的那种,她自然会知难而退,她只是有点疯又不傻。这时候你还可以在旁边说便宜话:"要不咱就买了吧!"你放心,场面绝对控制得住。再要么就是去很便宜的店,首先她未必看得上,就算能看上,挑花了眼挑了几件,一结账一共100块。整个下来,并没有奔着改变观念去,而是通过改变环境、影响行为去达到你想要的结果。

这样的例子还有不少,比如家里小孩子太爱吃糖,满嘴蛀牙,你跟他讲道理是没有用的。你说吃糖多了牙齿变黑不漂亮,长不高,对身体不好……我可以负责任地告诉你,这是没用的。试试通过改变环境来改变行为的思路,直接来一个坚壁清野,家里找不到一颗糖,自然就达成了目的。

对别人是这样,对自己也是如此。我们上了很多培训课程,感觉都是听课的时候激动,交流的时候感动,课后一动不动。我们在朋友圈也看了很多干货文章,看的时候越看越觉得有道理,这不就是在说我吗?看完以后狠狠地点了个收藏,可是然后呢?就没有然后了。我们懂得了很多道理,却依然过不好这一生。就是因为这些东西都是冲着观念去的,改变观念仅仅是改变行为的手段之一,但绝不是唯一的手段,而且并不是必然有效的手段。

我有一个朋友前段时间去参加了一个有关时间管理的培训,花费3800元,觉得非常棒。回来以后给我们做了非常细致地分享,然后得意地跟我们说:"我替你们省了3800元,你们要请我吃饭。"我就问他，这个培训结束后还有什么后续吗？

他说有，培训现场大家建了群，分了班级大群和小组小群，群里有组长。大家每天要在群里上报当天的目标设定、完成情况以及效率自我分析，互相监督，没做到的要发红包。我说这个培训还是很值得参加的，但是他给我们的分享并没有给我们省钱，3800元的价值其实绝大部分体现在那个群上。因为是这个群改变了他的行为，让他达到了好的结果，而课程只是为后续的群的活动做一些知识和工具使用上的准备。我们买东西的时候，往往会有三年免费保修，这是买产品送售后服务，但买培训课程应该是反过来的，课后促使行为改变的措施才是值钱的产品，而课程内容才是附送的。

这本书给我的第二个很大的启发就是**这个世界上影响别人的唯一方式是与别人谈论他们想要的东西，并告诉他们如何得到它。你想要改变别人的行为，你得顺着他。**

我是处女座的，说的好听叫严谨，说的不好听叫龟毛，且具有旺盛的批判热情。我老婆是水瓶座，说的好听叫天马行空，说的不好听叫根本不靠谱。有一次我老婆突然跟我说："咱们去丽江租个房子吧，可以周末过去呼吸一下自由的空气。"如果是以前，我肯定说："最近停药了吧？你以为你是梁朝伟，没事去伦敦喂个鸽子，你也不算算租个房子多少钱，来回路费多少钱，也不想想周末有没有时间，孩子怎么办，去那干吗？我看你就是闲的，那么多衣服都还没洗，一天到晚折腾这些没用的！"不过那次我改了，虽然心里火很大，但还是压下去，脸上表情又惊又喜:"这么天才的想法你是怎么想到的?实在是太好了,说干就干。这样,你先列个计划,咱们争取下周就去!"我老婆很开心,觉得是真爱,然后就去列计划了,半小时后悠悠地跟我说了句:"还是算了吧!"

之前买衣服那个事主要是说男人,那女人呢,其实女人在这方面天然很厉害,比如有一话叫"拴住了男人的胃就拴住了男人的心"。这个套路是对的,但是有点过时了,因为在过去物质生活精神生活都比较匮乏的年代,人能够经常被满足的欲望也就是吃了,但今天是个花花世界,人的欲望花样翻新,该拴住啥呢?书里面给了两个工具,一个是马斯洛五层需求理论,还有一个是布朗的人类共通行为,就是说人想要的,是存在很大共性的。

人的需求是问不出来的,要设身处地地去发掘。有个著名的例子,在汽车没有被发明出来之前,你问一个人对车的需求,他会告诉你需要一辆更快、更漂亮的马车,而不会告诉你有关汽车的任何需求。

这本书给我第三个很大的启发是,说服在很大程度上就是努力让别人在不知不觉间就想按你建议的方式去做,也就是人都会跟着感觉走。书里写到了很多具体的办法,比如说随大流,我们经常认为随大流是没有独立思考能力的表现,其实这是人之常情。你想想看,在原始社会,你突然看见一大群人都在狂奔,你的选择是什么?是赶紧跟着狂奔还是驻足思考?很显然后面有一只大老虎,就算你独立思考了,老虎也不会出于尊重就不吃你,或者觉得你的味道、口感好一些。所以随大流的时候不要太苛责自己，随大流不能说明我们愚蠢，反而说明我们进化得很成功。

书里有个概念叫信息瀑布，当从别人那里获知的价值观胜过我们根据自身经验对某样事物做出的评价时，我们就会跟着走。我们在广告里经常看到全球已经多少人选择了什么产品，或是某个专家说自己信赖某某产品时，其实就是在利用这一点去影响别人的行为。

再比如说，蜥蜴脑喜欢即时明确有感觉的奖励，你像牛奶的广告，要是强调有益健康，强壮骨骼，说服效果并不是很好，因为这不是即时奖励，喝完奶后什么时候能强壮？并且不明确。有益健康是提升了什么指标？提升了多少？你感觉不到。如果换一种说法：不是每种牛奶都叫特仑苏，那就不一样了，立刻就有一种我可不是随便人的感觉。

蜥蜴脑是神奇的，它经过几亿年的进化而来，不管你觉得它靠谱，或是不靠谱，它就在那里，指挥着我们的生命。我们可以通过学习它的规律，了解怎么跟它对话，让我们的生活变得更好！

## 15. 超越心流，在工作中创造幸福

> 成人生活中的心流，更多的会出现在工作时期，而非休闲时刻。
>
> 王丹

你想提升幸福感吗？

你想获得积极的人生吗？

你想摆脱无聊的工作状态吗？

只要8分钟，这一切你就都能够实现！

虽然听起来有点夸张，但是今天给大家带来的这本书，确实能够帮助我们解决上述问题，这本书的名字叫作《发现心流》。作者米哈里·契克森米哈赖，是心流理论之父、积极心理学奠基人。他通过25年的研究发现，人在体验心流的时候最幸福。

心流是什么？它指的是一个人完全沉浸在某种活动中，无视其他事物存在，浑然忘我的状态。

而且更加颠覆我们认知的是，研究发现，成人生活

中的心流,更多的会出现在工作时期,而非休闲时刻。

很多成就斐然的成功者,都能够在工作中体验大量的心流。但是,反观我们自己,大多数的人会把工作视为辛苦的任务!而且患上"星期一综合症",一到周一上班就疲惫、烦躁,各种负面情绪扑面而来的人,是越来越多了。

那么我们应该如何在工作当中创造更多的幸福感呢?

我以《发现心流》为主,整合《心流:最优体验心理学》《创造力:心流与创新心理学》等几本相关著作和文献,梳理出了一套逻辑清晰、具有实操性的方法。

深入研究米哈里所有的著作,你就会发现,他背后的逻辑就是提倡内外兼修。**首先,要学会从外部创造心流活动**,最主要的是三个关键要素。做好这三点,就能够激发出诸如全然投入、忘却时间等心流感受。

第一,明确目标。

第二,及时反馈。

第三,平衡高挑战与高技能。

我们要给每项工作任务都设定一个明确的目标。比如在什么具体的时间节点,把工作做到什么样的程度。同时,在这个过程中做好及时的反馈,找到评估进度的方法。可以做记录,也可以收集别人的反馈意见。总之,要让我们在工作的同时,时时刻刻感觉得到自己和目标的差距,评估目标是否达成或者发生了怎样的偏离。

另外,就是要不断地学习新技巧,提高能力、提高挑战的难度，并注意保持二者高水平的平衡。因为当我们的能力远远高于挑战难度时，就会觉得无趣、松懈，在工作中提不起兴致；但是当挑战难度远远高于我们的能力时，我们又会焦虑、担心。所以，我们要把工作内容调整为跳一跳够得着的程度。如果工作难度高到"飞起来"了，会让我们产生了焦虑情绪。这时不妨学会退而求其次，从难度较低的挑战入手，然后再逐步提升。

这些听起来好像挺难的，但实际上，有些时候做些小小的改变，就能够让自己在工作中产生心流体验。比如有些工作缺乏挑战和变化，我们可以怎么做呢？首先仔细注意工作中的每一个步骤，然后自问，这个步骤是必要的吗？谁需要它？如果真的不可忽略，是否可以做得更好、更快、更有效率？还有哪些做法可以使这项工作更受重视呢？

书里提到一个人叫作李科，他是一家影视器材组装工厂的员工。其他的员工大都觉得工作无聊，但他却在这项单调的工作当中找到了心流。多年来，他尝试各种不同的工具和模式，把自己检测机器的时间由 43 秒缩短至 28 秒。这种不断的提升并不是企业里要求的，而是他自己的选择。一个装配工人分分钟把自己变成了不断打破纪录的选手。这就是"心流"的魅力。

我们再仔细分析就会发现，李科在这个过程当中，首先为完成工作设定了明确的时间目标，精确到秒。其次，他会在这个过程当中进行不断地检视，调整自己的工作模式。最后，他还会不断提升个人能力和挑战难度。

这听起来是不是有点像"刻意练习"？在《坚毅》那本书里

特别对这二者进行了分析，心流实际上是刻意练习的结果。也许工作是别人给的，但是在工作当中，是否获得成长、体验心流，还是取决于我们自己的选择。

**其次，要学会从内在培养自得其乐的性格。**

什么样的人具有自得其乐的性格？他们不太贪恋物质财富、权力名望，因为他们认为，所做的事情本身就已经是一种回馈，他们会把工作本身视为最大的报酬，而不太追求工作之外的报酬。

作者还建议我们，用一周或两周的时间，记录自己真实的日常感受，科学地反思自己在哪些特定的活动和情景中，能够体验到心流，然后努力为自己创造更多的体验机会。

书里记录了一位住院十年的精神病患者，医务人员偶然发现，她在修剪指甲时会出现兴奋的情绪，就找人来教她。她后来开始为病友修剪指甲，病情也逐渐得到了康复。出院后，更是开了自己的指甲店。

也许生活中并不缺少体验心流的时刻，只是我们缺少一双发现的眼睛。

正如这本书开篇所写的一句话："若真想活着，最好立刻着手尝试，如果不想也不打紧，但你得开始准备死亡。"幸福的路，就在我们自己的脚下。我期待，我们都能握紧心流的钥匙，打开通往幸福的大门。

## 16. 生命3.0

> 人工智能是一种软件和硬件都可以迭代的生命，3.0版的生命。
>
> 王冠傑

很多年前跟一位朋友聊起人工智能时，他就开了一个脑洞：人工智能会不会才是宇宙更高级的生命？人类的出现会不会就是为人工智能的出现而做的准备呢？今天给大家介绍的书与几年前跟朋友聊起的话题不谋而合——《生命3.0：人工智能时代人类的进化与重生》，作者是未来生命研究所的创始人迈克斯·泰格马克。

### 什么是生命3.0

为什么一本讲人工智能的书，题目叫："生命3.0"呢？过去，我们一般把人工智能理解成人类新发明的一种工具，我们关心它替代了谁的工作，对人类是好还是坏，等等。但是《生命3.0》这本书提出了一个新问题：

人工智能，到底是工具发展的一个新阶段，还是物种演化的一个新阶段？

有人会感到奇怪，人工智能怎么会是生命呢？它哪来的肉体？

这就要看怎么定义生命了。《生命3.0》这本书给生命下的定义是：可以自我复制的信息处理系统。在这个系统里，信息（也就是软件）决定它的行为以及硬件的蓝图。怎么去理解呢？我们先看看生命1.0和2.0就明白了。

其实我们地球的环境一直在发生着变化，一旦发生变化，最初的单细胞生物是没有办法适应的，那么这一代的生命就结束了，只能靠遗传变异，让下一代生命的软件和硬件都发生变化，才能适应新的环境。这就是生命1.0的状态，软件、硬件都无法自我迭代。

生命2.0，指的就是人类。人类的肉体，也就是硬件，不能迭代，但是人类的软件——知识和智慧可以不断升级和迭代。这种硬件不能升级但是软件可以升级的生命形态就是这本书定义的生命2.0。

生命3.0，就是软件和硬件都可以自己迭代和升级的生命。这不就是人工智能吗？这是要比我们人类进化得更为高效的一种生命，除了可以通过学习不断迭代软件之外，硬件也是可以进化的。比如嫌自己不够强壮的话，可以换副变形金刚的躯体；觉得自己笨了更容易解决，直接去买云计算空间就可以了。

**为什么会出现生命3.0**

《生命3.0》这本书中提出了一个问题：宇宙演化成今天的样子，目标是什么？这个问题问得很奇怪。按照我们常规的理解，生命才有目标，宇宙只是在物理定律的支配下，按部就班地运行，它怎么会有目标？这里我们就要重新理解一下"目标"这个词了。一个事物无论遇到什么阻碍，无论情况多么错综复杂，最终都要达到的那个最终状态，其实就可以理解为它的目标。就像一条河流，无论遇到多么错综复杂的地形，最终都要流向地势比较低的地方，我们就可以把百川归海理解为它的目标。

那整个宇宙有没有这样的目标呢？有。热力学第二定律说，宇宙的目标就是追求"熵"的最大化。熵用来表示一个系统的混乱程度，熵越大系统越混乱。换句话说，整个宇宙的目标就是越来越无序、越来越混乱。当熵达到最大值时，宇宙所有的能量都会转化为热能，所有的恒星都会熄灭，所有的秩序都会变成混乱，所有的地方温度都一样，整个宇宙就寂静了，这就是物理学中常用的一个词叫作"热寂"。所以，可以说宇宙的目标，就是熵增并最终达到热寂状态。

为了更快达到热寂状态，宇宙创造出了生命这个东西，让它帮助自己加快无序的进程。物理学家薛定谔在《生命是什么》这本书里就说明白了这个道理。生命的本质是负熵，换句话说，就是将无序的原子、分子按照一定规则排列起来，才有了所谓的生命，一旦序列乱了，生命也就结束了。这可以说生命终其一生都在为了对付熵增而努力，生命对抗熵增的方式就是通过增加周围环境的熵而降低自己的熵。虽然在这个过程中，生命本身好像变得更有序了，但是人类一切活动，无论怎么制造有序，本质上都是在加快无序。比如，你拿吸尘器吸地板，灰尘都进了吸尘器，是更有序了，但是你消耗了电能，发电过程中制造的无序要比你吸尘减少的无序多得多。所以从宇宙的角度来看，生命的终极目标是帮助宇宙尽快把一切能量耗掉，把一切结构拆散，让整个宇宙加快奔向热寂。

《生命3.0》这本书认为，人工智能作为一种比人类更高级的生命，它的出现是必然的。因为无论是生命1.0，还是生命2.0，帮助宇宙走向热寂的能力都太弱了，宇宙需要一个更强大的工具，这就是生命3.0，人工智能。它力量更大、耗能更快，能更好地帮助宇宙达成目标。

**生命3.0的意义在哪里**

如果这套逻辑成立的话，人工智能就不是人类喜欢或者担心的东西了。它好还是不好，跟人类没有关系，它诞生的目的，既不是为了造福人类，也不是为了消灭人类。本质上，人工智能是宇宙以人类为工具创造的一种达成宇宙自身目标的工具。就像我们人类以霉菌为工具创造出青霉素一样，我们对霉菌没有恶意，青霉素对霉菌也没有恶意，大家都只是在玩自己的游戏，奔向自己的目标而已。你看，生命1.0的目标就是繁殖，但是生命1.0的目标也在驱动生命2.0。体内的微生物驱使我们获取更多的食物供给自己复制，而我们吃下去的食物本身也没有能力消化，还要倚仗微生物。生命1.0和生命2.0本质上是一种合作关系。

生命2.0和生命3.0其实也是这样一种关系。人类搞出了一大堆新目标，驱使人工智能去完成。比如我们说，地球太小了，我们要更大的生存空间，然后人工智能帮我们移民火星了。如果火星还不够的话，那就星际旅行。这个过程中耗掉无穷无尽的能量。人类提供意义和目标，人工智能提供能力和方法。这一合作，使宇宙走向热寂的大目标能越来越快地达成。

《生命3.0》这本书提供的这套理论，我们没有能力判断它的真伪，只能说它在逻辑上自洽。它讲述的只是一种可能，在生命3.0时代，一切可以算法化的事情都可以交给人工智能完成。而那些不太可能算法化的东西恰恰可能是我们与人工智能合作中重要的筹码，这一点很值得我们认真思考。

# 第三章　心灵的重建

## 1. 滋润心灵，是一辈子的事

> 是不是从前书信很慢，车马也很远，一生只够去爱一个人？
>
> 柳舒淇

《今日店休》，它很短，认真起来两个小时就能读完；它又很长，讲述着坂本健一先生九十年的人生故事。

很多作家，像村上春树、米兰·昆德拉，他们的故事都是温和的、细腻的，读起来像涓涓细流，慢慢地流入我们的心里。这本书也是如此，这是一封来自坂本健一老先生写给生活的情书。

在日本大阪的黑崎町，有一间开了七十年的书店，叫"青空书房"。经营这家书店的老板是一位年过九旬的老人，坂本健一。

健一先生和他的书店是在三年前走红的，原因是老人在十年前患了脑梗，右眼看不见了，于是只好稍作休息,将书店设为每周有两天的休息日,分别是周四和周日。而每到店休日这两天,他就会在卷帘门上贴出今日店休的海报,海报是他亲手绘制的,上面会写一些人生感悟,或者是想要对顾客说的话。上面的箴言充满着智慧,常常温暖人心。

于是越来越多的顾客开始对店休日的海报产生兴趣,一传十,十传百,报纸、电视台,许多人甚至不远千里,也要来一睹真容。

那这个海报究竟是怎样的呢?

"一本书就是一次人生。

读三本书等于享受了三次人生。

读书是活着的证据。"

"没有书的人生,就像没有键盘的钢琴。"

当一位九十岁的老人,说出这些话的时候,你不得不停下来好好想想,这是他将近一个世纪的人生经验。他坚信,书有灵魂,就在纸上。

所以几十年如一日,即便是九十岁的高龄,他依旧风雨无阻地开店上班,因为他一直秉承着"读书"这样的信念。

而坂本健一先生给我的感动在于:坚持。

很多人都会有信念,但是要把这个信念贯穿一生,试问谁真的可以坚定不移?

这本书最触及心灵的是,健一先生记载的自己的爱情故事。

健一先生和妻子和美共结连理。夫妻相濡以沫,贫苦度日,

第三章 心灵的重建

偶有争吵。

和美吃醋,健一就哄她,试着给她写了一封情书。谁知道,这后来成了他们特殊的表达爱的方式:

对坂本健一而言,重要之事有二,严厉的老婆,温柔的媳妇,不论哪个都要留下啊!

拜托了。

健一致和美大人

书信这样的方式真的很古老了。可我偏偏又觉得这是一件无比浪漫的事儿。

中国自古便有鱼传尺素,荷包香囊,睹物便思人。

可惜这个时代,我们沟通的成本变低了,许多缠缠绵绵的情愫,朝朝暮暮的相思,都淡了。

我时常在想:是不是从前书信很慢,车马也很远,一生只够去爱一个人?

旦夕祸福,和美得了难以治愈的绝症,被送到特殊医院迎接死亡。他写下:今日休息,抱歉,深爱的人正面临生死的考验,请原谅我的任性。

九十岁的老人,毫不掩饰对妻子的爱意,不禁让人动容。相伴了一生,即将分离,爱比以往更加急切。原来,即使过了近一个世纪之久,那份爱也一直都在。

那日的"今日店休"是一张特殊的海报:

自从妻子去世,已迎来第三个冬天,今年的冬天,是孤独寂寥的暴风雪,和美不辨方向,现在大概还在谷町线的东梅田车站附近游荡,那就再等等吧,等我把工作忙完,马上就去给你带路。

2016年7月2日,坂本健一先生去世,去到他最爱的妻子身边陪她了。

坂本健一先生与妻子和美的幸福在于,纵然一生漫长而普通,也要将全部的真情付诸其中。他们的一生,清晰而澄澈。

## 2. 有重量地活，让平凡灵魂津津有味

> 皮囊有心，包裹灵魂，人与人相遇后，心与心也就相遇了。
>
> 柳舒淇

这两年有句话火得不行。好看的皮囊千篇一律，有趣的灵魂万里挑一。所以皮囊和灵魂的关系是密不可分的，灵魂总是贪恋着皮囊。灵魂，即所谓的心。心醒着的时候，就从内部把皮囊照亮，映照出彼此。

蔡崇达的这本《皮囊》，就映照出了在作者成长路上和生命当中留有痕迹的一群人。

这是蔡崇达第一部文学作品，李敬泽说，这是一本认心、认人的书。

所谓认心、认人，指的就是作者生命当中所认识的普通人，他们以怎样的姿态度过那些平凡的岁月。你会发现每一个平凡的人生读起来都是那么津津有味，他们也会经历岁月的苦痛和光彩的瞬间。

这本书是一篇篇小故事组成的合集，就像我们小时候写作文一样，我的妈妈、我的爸爸、我的外婆、我的朋友……作者将他们人生的枝丫拼在了一起，放在故事的盒子里，完成了一段认识自己、认识他人的旅程。

皮囊有心，包裹灵魂，人与人相遇后，心与心也就相遇了。

书中很多故事都能够带给读者一种强烈的真实感和代入感，使读者很难从故事当中抽离出来。我选择自己印象最深刻的几个故事来讲述。

第一篇是《皮囊》。说闽南语的阿太，是作者外婆的妈妈，她给我的感觉是坚韧倔强、轻盈洒脱的，好像凡事都看得开、看得懂。

这位一辈子劳作、受苦受难的老人，仿佛从来不知道什么是享受。

外婆去世后，阿太不得不承受白发人送黑发人的命运，可是在举行葬礼的时候，阿太一声没哭，她说："因为我很舍得。"

切菜的时候把自己手指头切断了，血水横流，可是她却一副事不关己的样子。她说："肉体就是拿来用的，又不是拿来伺候的。"

她从不惯着自己的皮囊，经历了磨难后，阿太总是能够露出释然的微笑。

阿太去世前留给作者最后一段话，她说："阿太死后不准哭，你若诚心想念我，我自然会去看你，我已经没有皮囊这个包袱，来去多方便。"

短短几个片段就能够读出阿太一生的轻盈洒脱。

第二篇是《残疾》。讲述了作者的父亲偏瘫后从医院回到家里，经历了积极的复健等待好转,到最后无奈地等待死亡的过程。

父亲最开始一直和这副皮囊较劲,在闽南的台风天也要出门走路,想要证明自己虽然残疾但和周围人一样,为的就是维护自己在家中"父亲"这样的高大形象。然而父亲却被病痛折磨得愈发暴躁和敏感,打骂母亲、疏离儿女,甚至一度非常想要死亡。面对这样的父亲,作者和母亲、姐姐都想给他积极的活力,然而"生活,从来就不是一个太好的观看者,它像一个苛刻的导演,用一个个现实对我们指手画脚,甚至加进很多戏码,似乎想帮助我们找到各自对的状态",一家人终究还是败给了现实的残酷。父亲残疾了,无力掩盖、无处躲藏,可是当父亲慢慢习惯了这幅笨拙偏瘫的皮囊之后,便又舍不得离开人世了。

父亲开始过上了灵魂扛着皮囊在走的生活,皮囊变得破败后,父亲的灵魂反而轻盈单纯,像孩子一样简单。儿子要求他冬天不准出门乱走,怕他滑倒,他问道:"如果听话,是否可以买我最喜欢的卤鸭来吃。"那一刻你是否会想到,这样一个一辈子为家操劳的男人,也像一个眼神清澈的男孩。

阅读《皮囊》的过程中,我无数次看见和想到自己身边的人和事,参与我生命成长的那些人和事。在飞快的时光列车面前,我是否还记得他们,我是否了解他们。而作者就通过这样的记录去寻找、看见和挽留了想要珍惜的他们。

那个懦弱可爱的父亲、坚硬倔强的阿太、用特殊方式表达爱的母亲……一个个故事都是最美的风景,等待着你去阅读。

人在世上,有重量地活,总比让皮囊空空,好得多吧。

## 3. 一次次突破极限，做更强大的自己

> "你知道长跑最重要的是什么吗？不是快，而是强。"
>
> 柳舒淇

蚂蚁可以搬动比自身重几十甚至上百倍的东西，可是力量再大也无法承受一个人的重量，而一头牛却可以。那么到底是一只蚂蚁更强？还是一头牛更强呢？三浦紫苑的《强风吹拂》这本书，或许会给你一个不同的视角去解答这个问题。

清濑灰二，一直以来都希望有一天能够组建一支队伍，去参加日本最有名的长跑接力赛"箱根驿传"。这个比赛始于1920年，是日本历史最悠久的长跑接力比赛，可以说是殿堂级的赛事。

为了完成这一梦想，他召集了九位大学生共同组建成"长跑杂牌军"。为什么叫杂牌军呢？因为队里除了清濑本人和另一位运动员阿走以外，其他人都是

业余的,甚至从来没有长跑过。就这样去挑战高难度的长跑比赛,好像是天方夜谭一样。伴随而来的是别人异样的眼光和嘲讽的言语,可是尽管这样,他们还是一如既往地坚持训练。

故事中有两个人物令人印象深刻。阿走是一个非常有跑步天赋的人,训练当中他都是最快的那一个。也许是心高气傲吧,对于那些到达终点就累得几乎半死不活的队员,他总会心生鄙夷。王子就是其中之一,王子是一个爱看漫画的宅男,一副文弱书生的样子。阿走根本就瞧不上他,怎么也想不明白清濑为什么会选择他来做队员。清濑似乎看出了阿走的心思,于是对阿走说了这样一句话:"你知道长跑最重要的是什么吗?不是快,而是强。"

读到这里,我始终没明白这句话是什么意思,长跑最重要的不是快而是强,可是在我看来,更快不就意味着更强吗?清濑为什么不去找九个阿走这样的人做队友呢?

带着疑问我继续往后看。训练中,王子总是最后抵达终点的那一个,每一次跑完都会呕吐不止,甚至几度昏死过去,会和队友说对不起。可是,他从没有放弃过。慢慢地通过自己的努力,他可以完整地跑完20公里,哪怕他的成绩还是倒数第一,可他确实拼尽了自己的全力。

那一瞬间我突然明白了什么是"更强"。一次又一次地突破自己的极限,耗尽我们身体中的最后一丝气力,就是更强。

这就是清濑选择王子的原因,虽然他不是最快的,但是他的耐力和坚持却让他成了最强的那一个。

人生其实就像长跑一样,我们最强劲的对手不是别人,正是我们自己。哪怕我们没有别人跑得远、跑得快,但是我们依然朝着目标坚持奋斗着,一次又一次地突破自己的极限,达到更强的状态。

面对生活,我想我们也会像王子一样,拼尽全力,奋力奔跑,去迎接强风吹拂的感觉。

## 4. 每一个差异化的灵魂个体都值得尊重

> "道理很简单，不能因为在此之前已经失败了一百年，就没有理由去争取胜利。同时，有一种东西不能遵循从众原则，那就是人的良心。"
>
> 柳舒淇

不知道大家有没有给自己或别人贴过标签，好像在我们这个年代，你不懂得贴标签就不是一个合格的"社会人"。

但是不知道大家可曾想过，在我们只凭一个个简单粗暴的标签就给一个鲜活而复杂的人盖戳定论时，是否是在用偏见伤害着那些"被标签"的人们？

《杀死一只知更鸟》就是一部以孩子的口吻来讲述正义与善良，偏见与理性的作品。

故事发生在20世纪30年代中期的美国，在美国南部有一个平静的小镇，在这里，人们都悠哉悠哉、不紧不慢地生活着。

可是看似平和悠闲的小镇却暗潮涌动，在这个小镇里，处处存在着人与人之间的偏见与不公。

小镇里流传着这样一个传言，那就是拉德利家住着一个身份不明的恶毒的幽灵，据说他会在夜里溜出来往别人家窗户里窥探，镇上所有小偷小摸的勾当都与他有关。

因为这家人有个镇子上的人都无法接受的怪癖，那就是离群索居。他们不去教堂，也不去邻居家串门，甚至星期天家里都是门窗紧闭。这就和小镇的生活方式格格不入，因为大家都认为关门闭户就意味着有人生病。久而久之，拉德利家就被蒙上了一层神秘的面纱，也在主人公斯库特的心里留下了很深的阴影。

可是孩子们的世界总是充满着童真与好奇，越是神秘，就越想要一探究竟。对于孩子们来说，引出怪人露面，就好像是童年的一次探险，充满着紧张和刺激的感觉。

于是孩子们想尽了办法，尝试在房子里点火，或者冲进院子里，声东击西，这样就会逼迫拉德利跑出来，甚至还把拉德利先生的传言编成了一出戏表演出来。

然而父亲阿迪克斯知道后却很严肃地教导他们说："不许再去折磨那个人，拉德利先生想做什么，那是他自己的事情，他有权利待在屋里，避开那些喜欢追根究底的人。同时，也不许你们再取笑任何一个住在这个镇子里的人！"

读到这里，你就会为孩子们庆幸，当全镇的人都把矛头指向这个所谓的怪人时，只有他们的父亲给予了怪人应有的尊重和善意。而后来人们才发现，怪人拉德利只是有些社交恐惧症，实质上是非常善良的人,还经常给孩子们送来礼物,和孩子们成为朋友,并不是人们口中谣传的那样恶毒。

孩子们就这样一天天长大,直到有一天,他们的生活被一桩离奇的案件打破了,小镇上的黑人汤姆被诬告强奸一名白人女子。小女孩的爸爸阿迪克斯成了黑人汤姆的辩护律师,然而斯库特怎么也没有想到,自从父亲接手了这个黑人案件之后,全家人的麻烦也接踵而至。一次,斯库特和哥哥走在街上,就听到有人说:"你们的父亲为黑鬼和人渣打官司,他自己也强不到哪里去!"他们假装听不见,可是身后的谩骂声依然不依不饶。一时间,斯库特一家变成了道德败坏的典范。

因为这件事,斯库特很懊恼地去问父亲为什么要坚持为黑人辩护,阿迪克斯语重心长地说:"**道理很简单,不能因为在此之前已经失败了一百年,就没有理由去争取胜利。同时,有一种东西不能遵循从众原则,那就是人的良心。**"

就是这样,阿迪克斯毅然决然走上了法庭,整个故事也达到了高潮。这是一场几乎全镇出动的庭审,黑人白人都屏息凝神。

在阿迪克斯高超的询问技巧和步步紧逼的紧张庭辩中,案件真相终于露出水面。

白人尤厄尔先生,告发黑人汤姆暴力奸污了自己的女儿马耶拉。而实际上,汤姆是一个安静、谦卑的黑人,是白人女孩先勾引了汤姆,却遭到拒绝,为了掩盖真相,反咬一口。

真相大白的这一刻,阿迪克斯像英雄一般赢得了所有黑人的尊重。斯库特环顾四周,发现所有黑人都纷纷起身肃立,对她说:"琼·路易斯小姐,站起来,你父亲就要走过来了。"

那一刻谁都会觉得特别激动和振奋人心,可遗憾的是,汤姆最终还是被判了有罪,在那个充满偏见的社会里,法官的法槌似乎都有了千钧重,怎么也敲不下去。

然而就像阿迪克斯说的一样,即使一开始就知道必定会输,可是依然要去做,而且无论如何都要坚持到底,才能称之为真正的勇敢。阿迪克斯正是一位敢于捍卫自己良心的勇士。

"知更鸟唱歌给我们听,什么坏事也不做。"
"所以,杀死一只知更鸟,就是一桩罪恶。"

汤姆就是一只知更鸟,却被人们的成见所杀。

也许大家会觉得现在这个年代种族歧视离自己比较遥远,但它不过是化成了别的形式,这种偏见与不公在我们的生活中依然存在。我们也许还需要花费更多的时间去真正接受和尊重每一个差异化的个体和这个丰富多彩的世界。

《百年孤独》当中,每家每户都要养知更鸟等会鸣叫的飞禽,因为知更鸟的叫声可以唤回异乡人。也希望终有一天,我们能够像这些异乡人一样,跟随着知更鸟的叫声,摒弃掉我们内心的魔鬼,来到那一片没有偏见的善良之境。

## 5. 用时光唤醒我们内心的爱

> 在这个过程中，她认识到，通过自己的努力可以拥有重新获得幸福的能力。

李赛男

这是一个与光阴有关的故事。2016年的中秋节，最疼爱我的外公去世了。我只能一遍遍回到过去的时光里，重温那些存在心底的旧梦。于是，我想起了这本书：《时光倒流的女孩》。

这也是一个在时间长河中溯流而上的故事。故事一开始，16岁的小女孩莉兹便因车祸去世了，她来到了作者所构想的一个叫"另界"的空间。这里的人都会随着岁月流逝而越变越小，直到最终长成婴儿，便又能回归人世，开始一段新的轮回。这里几乎跟人间的任何一个地方一样，但是，在另界生活的莉兹，每天都在瞭望台上看自己从前的家人和伙伴。她怀念星期天的早上跟着爸爸妈妈和弟弟一起吃面包圈和熏鱼；她怀念妈妈身上的甜饼干气味,爸爸身上的烟草味。可是,这些幸福随着一场车祸戛然而止了,幸福离她远去了。

她最想做的,就是回去告诉爸爸,自己曾为爸爸买了一件跟爸爸眼睛一样颜色的羊毛衫,藏在壁橱一块松动的地板下面,但是,那里谁也找不到。想到爸爸永远也不知道这件事,永远找不到她的礼物,永远不知道自己那么爱他,那件衣服将永远藏在那儿,她感到深深的遗憾。

她不相信自己有勇气带着人世间的记忆和遗憾在一个新的世界中前行。但是,在另界,经过漫长的适应后,她有了新的友谊、新的工作,甚至遇到了一段从未经过的感情,跟人世间的任何一段感情一样,有波折、有起伏。在这个过程中,她认识到,通过自己的努力可以拥有重新获得幸福的能力。

你有过这样的遗憾吗?是怎样走出伤痛的呢?这段故事,深深地触动着我。

在我两个月大的时候,我就跟外公生活在一起。可是慢慢长大的我因为上学、工作、结婚,慢慢离开了他。他总是想着趁孩子们都在的时候拍一张全家福,可离家一千多公里的我总是一次次缺席。至今没有一张全家福。以前我和这张全家福是一张车票的距离,而现在,却是阴阳相隔。

在《时光倒流的女孩》里,莉兹通过海井完成了告诉爸爸生日礼物藏在哪里的心愿。可是我没有机会让时光倒流,没有机会让外公知道,我是多么爱他。"当你不断失去时,你会如何活着?"作者加·泽文说,"我想借这本书找到答案。"书中说:"所有你失去的,都会以另一种方式与你重逢。"这句话鼓励了我,可是,我会以什么方式与我思念的外公重逢呢?

小时候,外公端上他的泡着茉莉花茶的大瓷缸子,喊着我的名字,便是准备开始说书。如今,我长大了,成为一个给别人讲书的人。我想,我终于跨越时光的河流,在这里和我的外公重逢了。

此刻,我想用《你还在我身旁》这首诗来怀念远在世界另一边的外公,希望他能知道那些我来不及表达的爱。

瀑布的水逆流而上,
蒲公英种子从远处飘回,聚成伞的模样,
太阳从西边升起,落向东方。
子弹退回枪膛,
运动员回到起跑线上,
我交回录取通知书,忘了十年寒窗。
厨房里飘来饭菜的香,
你把我的卷子签好名字,
关掉电视,帮我把书包背上。
你还在我身旁。

我想,一本好书具备的功能,就是唤醒我们内心的爱。时光不可倒流,《时光倒流的女孩》却让我心里得到了很大的安慰,知道爱是永恒。我知道我的外公离开了我,在某种意义上,他也没有离开我。我相信,他一定会像书中说的那样,以另一种方式在另一个地方生活,又以一种美好的方式回归。

他还在我身边。因为爱,一直还在我心中。

## 6. 做自己的精神领袖

> 当我们恐惧、忧虑、愤怒的时候,深呼吸,静下来,听,那些内心的声音!
>
> 王丹

问大家一个问题——你觉得自己可爱吗?

先别急着回答我!

因为我这里说的"可爱"来自这本书——《可爱的诅咒》。这被诅咒的"可爱",看来不是什么好事啊!

我们回忆一下,生活里有没有这样的人:把别人的需求放在自己的需求之前,认为要让人喜欢自己、认可自己,就必须按照别人的要求去做;为了让别人愉快,从来不拒绝,为了身边的人甚至是陌生人,不惜两肋插刀,却很少表达自己真实的想法和需求,不愿意麻烦别人。

这样始终把"友善待人"作为唯一的行为准则,却因此受尽委屈的人,在书里被称为"可爱的人"。现在你还觉得自己"可爱"吗？

其实，我们大多数人都或多或少会有点这种"可爱"。我以前就是这样，领导一声吼，变身加班狗；亲朋好友的一块砖，哪里需要哪里搬。当然，你可能在单位很强硬，但回家"秒怂"，成了妻奴、孩奴，家庭地位甚至低于一只猫！

作者雅基·马森是英国的一名心理治疗师，也饱受"可爱的诅咒"的折磨，她用书里面的方法帮助自己和很多人走出了困境。这本书不能让我们的容貌变得更美，但能帮助我们找回勇气做真正的自己，不再为别人的期待而活。

那么这种可爱的诅咒是怎么产生的呢？难道有人在诅咒？当然不是！

诅咒源自潜意识中的"死板的个人规则"。我们经常会觉得自己的大脑当中有一个在说话的小人儿。就像我们早上赖床，头脑当中好像有一个声音在喊："再躺五分钟吧！"这些声音就是我们脑海中的"个人规则"，其实也无妨！

但是，当这个声音开始使用"应该""必须""总是"这样的词汇时，他就丧失了灵活性，就变成了"死板的个人规则"，就变成了一个"暴君"。会让我们在想要拒绝别人的时候，对我们狂吼："作为朋友，你必须提供帮助，你要是说不，简直就是一个自私的人。"这个声音过于强横，以至于我们忽略了一些事实——"如果你过度强求自己去帮助别人，最终也有可能会辜负他们，不如适当地做出拒绝。"我很喜欢书里扉页上的那句话："别不好意思拒绝别人，因为那些好意思为难你的人，都不是什么好人。"

这些道理我们不知道吗？理智上是知道的！但是为什么我们还是不能"揭竿而起"，反抗"暴君"呢？

因为它是我们从童年时就深深根植在脑海的。当我们还是一个孩子的时候，必须依靠自己的监护人才能够生存，于是害怕被他们讨厌，这是生存的本能。而且在我们七八岁之前，大脑几乎没有什么理性思考的能力。于是我们会下意识地认为，周围人的行为变化都和自己有关。父母不开心了，是不是我做得不够好？于是开始取悦父母。当这些行为成功换取了喜爱，潜意识就植入了一种信息——"哦，原来被爱是需要满足别人要求的。"长大之后，我们也就习惯性地讨好别人。

可是这时环境变了，曾经带给我们糖果的观念反而成了我们的麻烦！

那怎么应对呢？

首先是觉察。当我们恐惧、忧虑、愤怒的时候，深呼吸，静下来，听，那些内心的声音！他们也许在说，"你真蠢，从来没做对过""你太自私了，竟然不帮别人"，然后记录下来。我们以前常常觉得这些话是我们自己的心声，但是，冷静下来读一读这些话，注意他的口音、语气、措辞，想想过往的人生中谁曾经对你说过类似的话。

书里面提到，居然有一个咨询者听到了匈牙利口音，那是出自她挑剔的祖母。原来，就算我们成年独立了，在潜意识里却还一直活在别人的声音里、要求下。

有效识别之后，我们怎么应对呢？

有种方法叫"接纳与承诺疗法"，它来自正念。比如，你可以把这些话想象成收音机正在播放的节目，然后亲自把它关掉；或者用一种搞笑的方式讲出来，有点像《哈利波特》里面对付摄魂怪的方法。这些做法的目的是将我们与这些想法隔离，意识到想法只是想法，不是一个事实，我们也有权不听从。

还有一种特别简单有效的方法——把"应该"变成"可以"，也就是把"我应该去加班"变成"我可以去加班"。"应该"，听起来刺耳，像是一种训斥、压迫，而"可以"，更温和，也给了我们自己选择权。

当然，友善待人这种行为本身并没有错，但是我们做个可爱的人，是只在我们完全自愿的情况下，而不是被别人的声音绑架。

最后，我想以书里面的几条"个人权利法案"作结：

我有权做自己，我有权说"不"。
我有权把自己放在第一位。
我有权不依赖别人的认可。

这些是每一个人与生俱来的权利，活出自己，我们可以不再受到"可爱的诅咒"。

## 7. 面对年老的勇气

> 人常常在拥有时不懂得珍惜,直到遭逢变故才发现,此刻与父母共度的人生,并不是理所当然的!
>
> 王丹

世界上有一种爱,终点注定是离别。"就在我们为了生活忙忙碌碌的时候,父母正一点一点地老去。"猝不及防,也无法阻挡。作为子女,与父母的这一段今世缘,注定会在人生的某个时刻画下句点。

其实,我一直很困惑,市场上有关亲子教育的图书多如牛毛,我们焦虑着急于学习如何做一个好爸爸、好妈妈,但是不是也该花一点点时间学一学怎样做一个好女儿、好儿子?如果初当父母应该"培训就业",那么成年子女是不是也需要"持证上岗"呢?

"日本自我启发之父"岸见一郎用温暖的文字记录下,自己照顾失智父亲的一幕幕生活画面,也让我们跟随他的脚步,学习如何科学运用阿德勒心理学知识,与父母重建良好的亲子关系，更好地照顾和陪伴此时此刻渐渐老去的他们。

在这一堂"子女上岗必修课"上，我想分享给大家的第一个知识点——最好的孝顺就是不孝。

作者曾因为心肌梗死而病倒，结果那时候意外地发现，之前连声音都无精打采的父亲，突然像年轻了十岁一样变得神采奕奕。

这就是为人父母，哪怕他们已经年老，身体不适，但是当他们发现子女有困难，需要自己的帮助时，他们也会让自己振作起来，帮助子女渡过难关。

父亲因为罹患阿尔兹海默症，早已忘记了儿子已经结婚。有一天，突然对作者说："在你结婚之前，我还不能走。"那一刻，作者没有说出真相，因为他害怕自己的父亲听到后，就放心地走了。

"最好的孝顺就是不孝"，就是让父母感到自己存在的意义，感到自己仍然在被孩子需要着。

《生命的另一种可能》里介绍过哈佛大学做过的一个实验。实验者把养老院里的老人分成两组，告诉第一组老人，他们要自己选择在哪里接待客人、什么时间接待客人，同时给了他们每个人一个盆栽，要求他们自己照顾。而第二组老人被告知，什么事儿都不用操心，包括盆栽在内，全都由护工为他们打理。

结果一年半之后，对比发现，第一组老人的身体状况，明显比第二组老人更健康、更年轻。

我以前觉得孝顺是替父母把所有的事情都揽下来，但现在却觉得，也许，给父母添点小麻烦，让他们做些自己力所能及的事情，反而是对他们最大的孝顺。

第二个知识点——亲口告诉父母，活着就有价值。

作者说，这个社会太习惯于"用生产力判定人生价值"。

我们回想下，其实好像就是这样。这个世界仿佛用各种排名、奖惩，一次又一次大声宣告着：成功就是对的，失败就是错的，能够有所成就就是有价值的人生，一事无成就是彻底的失败者。但是，"用生产力判定人生价值"却是错误的做法。

"我们评断人的价值时，不应该以做得到什么为标准，而是着重于对方的'存在'"。作为子女，虚心接受父母终有一日什么也不会做了，而我们也不要再用生产力的角度去看待他们。

我父母年老后会常说"我老了，不中用了"，年迈的父母会因为渐渐失去能力而丧失自信，觉得自己一点用也没有，还可能钻牛角尖儿，认为自己还不如早点撒手而去，甚至认为自己在家中已经没有立足之地。

有的老人经常唠叨抱怨，溺爱孙子孙女，甚至给子女制造麻烦，其实他们只是老了之后，很难相信自己还有价值罢了，他们只是想吸引子女的注意，确保自己在家里的地位。

所以，为了让父母觉得自己有价值，我们要留意父母对家人的贡献，哪怕再小的事情也要经常说谢谢。等到父母无法行动，越来越健忘时，要告诉他们，光是活着，就是对家庭有所贡献了。

家不是一栋豪华值钱的房子，而是有爹有妈有爱的空间。

第三个知识点——尊敬，就是看着对方真实的模样。

"尊敬"的英文是 respect，意思是"看着对方真实的模样"。

尊重父母，就是看着眼前他们真实的模样，看着他们独一无二、无可取代的模样，不依照心中的理想形象给他们打分。

人无完人，年老的父母也注定不可能永远是我们儿时心中那个"上天下地，无所不能"的超人。

作者曾经在病床前照顾自己的母亲，但是，却发生了很情绪化的争执。中国人说"久病床前无孝子"，当时作者的母亲毫不考虑孩子方不方便，便要他马上买东西来，作者也因为母亲的任性而气愤不已。可是后来母亲病重，失去了意识，作者却觉得连吵架都弥足珍贵了。他开始反思，为什么自己不在母亲有意识时，多跟她说说话？为什么不珍惜陪伴她的时光，而要跟她吵架呢？

人常常在拥有时不懂得珍惜，直到遭逢变故才发现，此刻与父母共度的人生，并不是理所当然的！

纵然父母有这样那样的问题，但那都是他们真实的模样，同样值得去珍惜！

家家有老人，人人都会老。面对老去的父母，我们扪心自问，是否已经做好准备，温柔牵起父母的手，告诉他们"不要怕，有我呢"，就像多年前他们对我们那样。也许，当我们能坦然地面对这一切，学会如何和年老的他们相处时，也便拥有了面对年老的勇气。

## 8. 幸福的心灵超越完美

> 这种要求"生命不仅幸福,而且还要完美"的想法,才是绝大多数人不幸福的原因。
>
> 王丹

首先,我想要跟大家坦白一件事情,就是我在备战这次《我是讲书人》比赛的过程中,我的抑郁症"老朋友"又来"串了个门儿",抑郁又复发了一次,这让我一度想要放弃。但让我有勇气重新站上比赛舞台的力量,就源自这本书——《幸福超越完美》。

这本书的作者是风靡全球的"哈佛大学幸福课"的主讲教授——泰勒·本-沙哈尔博士。书的开篇,写了他的一段亲身经历。有一天他的学生马特跑过来跟他说:"你知道吗?我的舍友史蒂夫就在上你那门关于幸福的课,你最好得当心点儿。"

泰勒博士很困惑,就问:"当心,为什么呢?"

马特回答他:"因为如果一旦让我看到你不幸福的

第三章　心灵的重建

话，我就会立刻跑过去告诉他。"

虽然这像是个玩笑，但是泰勒博士却发现，这是一个很常见的大多数人对幸福的错误认知，那就是幸福的生活"应该""一定""必须"是由无数的积极情绪体验所组成的，也就是说，当你有任何的负面情绪时，你就不算是一个真正幸福的人。

这种要求"生命不仅幸福，而且还要完美"的想法，才是绝大多数人不幸福的原因。当然，追求完美有时候是推动人们努力工作并为自己设定高标准的重要动力。因此，泰勒博士在这本书里也把追求完美的行为辩证地分为不适应的、消极的"完美主义"和适应的、积极健康的"最优主义"。而前面马特的想法恰恰就是典型的"完美主义"，他拒绝一切有碍于完美的瑕疵、缺陷和偏差。但作者所推崇的却是能够让我们更幸福的"最优主义"，也就是我们可以不去追求那些过分完美、毫无瑕疵的事物，而是要在有限的条件下，去寻找一个相对最好的方式和方法。

"完美主义"和"最优主义"最重要的差别之一就是，前者拒绝负面情绪，后者悦纳负面情绪。悦纳负面情绪是"追求幸福"的重要方法之一，但是通常我们没能做到。

比如我们熟悉的、也备受认同的老话，"男儿有泪不轻弹""打碎了牙，你得往肚子里咽"。又或者在日常生活中，小朋友摔倒了，趴在地上哇哇大哭。家长们一般都会说："宝贝儿，坚强！不哭！"我们总喜欢把抵抗痛苦、掩盖悲伤，和"坚强"画上等号。

我们貌似是坚强了，但可能也因此就不幸福了。当我们越是逃避负面情绪，反而越会加剧它。

举个例子，我请大家现在不要想"一只白熊"，千万不要想"一只白色的熊"，那么，你现在脑子里面是不是就浮现了白熊的画面呢？这个小小的心理学实验告诉我们，当我们越是拒绝做某件事情的时候，反而会把这件事情严重化。所以如果我们想要处理负面情绪，首先要做的就是去接纳它。

接纳不是像仇人见面似的，分外眼红，你死我亡；而是温柔地看着它，像是对朋友，甚至是情人一样，接纳它的存在。

书里还有一个接纳负面情绪的小技巧，叫作"恢复空间"。

我们大多数人每天或多或少都需要一些伪装，基本的交往礼仪也教育我们有时要懂得在大庭广众之下克制自己的情绪，不管是愤怒、失望还是激动。但是，面具戴久了，总得有摘下来的时候，所以这个"恢复空间"指的就是，卸除自己的伪装，去面对真实的自己，允许自己体验任何真实的情绪，展示脆弱。这个空间可以是找一个信任的朋友，分享你的感受，也可以是在日记里写下让你烦恼的事情。

合上这本书，我就在想，我的恢复空间又是什么呢？

2015年6月的一天，我和往常一样坐在办公室里，面对着电脑，准备开始工作。可是我突然发现自己大脑一片空白，我的手指根本没有力气敲击键盘上的任何一个字母，我的眼泪止不住地往下淌。那段时间，我失眠，没有任何事情能激起我的兴趣，甚至不想吃饭、不想喝水、不想出门，体重暴瘦到80斤。而且我也只能关掉手机，屏蔽掉所有的社交，让自己变得好像人间蒸发了一般,因为哪怕一条普通的问候短信,铃声响起的那一刹那,我的心跳都能飙到180迈。那种感觉就像一个人孤零零地站在无边无际、伸手不见五指的黑暗里,孤独、绝望。

但是这一切我都不曾让家人知道,作为一个"北漂",和许多孤身在外独自打拼的年轻人一样,我早已经学会了隐忍独立。我始终觉得,不让父母担心、报喜不报忧,是我能尽到的最大的孝顺。

但当我真的开始向家人坦诚这一切时,我才感受到真正的平静。我以前一直觉得,要让自己成为那个让父母骄傲的女儿,我必须学习成绩优异,我必须收入良好。可是妈妈却告诉我说:"我不在乎你挣多少钱,我只要你身体健康。"原来家人要的不是你飞黄腾达,只是你平安喜乐。

朋友们,如果你心累了,请记住还有一个叫作"家"的地方,它会是你的"避风港",会是你的"恢复空间"。

最后,用书里面的一句话作结:诚实地承认自己每一刻真实的感受,在情绪低落的时候说一句"我真的很伤心",不管是对自己,还是对信任的人说,都要比宣称"我很坚强"或者"我很快乐",有帮助得多,更幸福得多。

## 9. 爱你就像爱生命

"你要是愿意，我就永远爱你，你要不愿意，我就永远相思。对了，永远相思你。"

张铃

2018年3月28日上午11点，安徽省芜湖市的商业街上一辆燃起熊熊大火的红色路虎正在缓缓移动，市民们惊慌失措，车内两人死亡。死者是情侣关系，因感情纠葛，男方要求与女方复合，女方不同意，于是男方上了女方的车，点燃了身上的汽油，二人都被烧死。因爱生恨，多么痛的爱啊，案中的男人一定觉得"我很爱你，我不能失去你，为了你，我命都可以不要"！但，这是爱吗？他真的懂爱吗？他爱他自己吗？

在人心浮躁，离婚率不断攀升的今天，多少人在喊"不再相信爱情了"，所以今天我想分享一本非常温暖的书《爱你就像爱生命》，这是当代著名作家王小波先生和他的太太，中国第一位研究性的女社会学家李银河女士的情书集。这本情书经典，你可以用它来疗爱情里的伤，也可以把它当作你的恋爱婚姻工具书，甚至有人调侃说这是中国的白话文第一人在教你撩妹！无论你以什么角度去读它，只要细细品味，都会受益无穷。

初读此书，你读到的是甜蜜的爱情和长长的思念。王小波其他的作品一直是生动、真实、有趣的，可大才子陷入爱情后竟变成了一个耍呆卖萌的傻孩子，说话天真稚气，爱得甜蜜热烈。他说："也许我们能够发现星光灿烂就在我们中间，我尤其喜欢'银色的星光'，（他追的这个女孩子叫李银河）多么好，而且容易联想到你的名字。你的名字美极了，真的，单单你的名字就够我爱一世的了。"他还说："不管我本人多么平庸，我总觉得对你的爱很美。""你要是愿意，我就永远爱你，你要不愿意，我就永远相思。对了，永远相思你。"王小波浪漫深情，是个浪漫的大诗人的腔调！

李银河最初没看上他，嫌他长得丑，可他说："静下来想你，觉得一切都美好得不可思议。一想到你，我这张丑脸上就泛起微笑。"他又说："可惜的是你觉得我长得难看，这怎么办？我来见你时应该怎样化妆？你说吧。"他甚至还说自己是个骆驼！这么幽默可爱的男人，我想，不管他长成什么样，估计交往几次后姑娘们都会喜欢他吧！

读他的信，深入一点，你能感受到这个男人对美、自由、人生意义的理解。再深入一些，便能体会到王小波爱得广阔而深沉，真实而不庸俗。几乎每一封信王小波都在乐此不疲地表达着对李银河的爱，他每篇都以"银河，你好"开头，结尾总有各种"我爱你呢，爱你"，好多话看上去平凡，却碰触心底。他字里行间的爱意浓得几乎要溢出来，尤其是那句"我会不爱你吗？不爱你？不会，爱你就像爱生命"。

也许今时今日大部分人已经无法相信世上还有这种纯粹的爱情，更不奢望自己能拥有，但当我们读到这颗热烈而真挚的心时，也许又重燃对美好爱情的向往。如果你有另一半，那这些美好的句子光是读读，或者抄下来发给对方，都会让感情升温很多。

如今，我感悟到爱情还有另一个至高的境界，就是"为爱而生"。虽然我们肉体已经分离，但你的思想、信仰和爱，都将长在我身上，成为我的勇气、温暖和力量，我用我的心来替你感受世界，我用我的生命来活出你的生命！

王小波和李银河同龄，王小波45岁离世，他生前并没有多大的名气，他写的书并不畅销，甚至有的书稿在当时的时代根本不能出版，他无法靠写作养活自己。可他的太太李银河却坚持让他写作，在她的眼中，王小波是可以得诺贝尔文学奖的中国人，她说"就算我一个人赚钱养家都是可以的。真正契合的两个人是你中有我，我中有你，我们合二为一"。

李银河说，"作为妻子，我曾经是世界上最幸福的人；当失去了他，我现在是世界上最痛苦的人。"丈夫去世了，但她没有选择跟着丈夫一起死，而是不遗余力地整理丈夫的遗稿，努力宣传他的作品，甚至出版了这本他们的私人书信集。王小波在去世后轰动文坛,世人无不惊叹于他的才华,甚至称他为"中国的卡夫卡"。而这一切的成就背后离不开妻子李银河的努力。如今人们提到王小波就会想起李银河;看到李银河,肯定会提到王小波。他们,早就活成了一个人!

李银河说,"小波一生最重要的时间,他的爱都只给了我一个人。我这一生无论遇到什么样的痛苦磨难,他从年轻时代起就给了我这份至死不渝的爱,这就是我最好的报酬。我不需要任何别的东西了。"

他们的爱情早已融进了彼此的灵魂和生命里,王小波走了,但爱永恒!

## 10. 你的感觉，我懂

"我不知道要说些什么，但是我只想让你知道我关心你，有什么你想谈谈的吗？"

王丹

想象一下，如果你最爱的人，在自杀前，给你打了一通电话，你该说些什么来挽救他的生命呢？

我们平时几乎不会思考这个问题，但是，却有一个人问了自己千遍万遍，因为他从没想到过自己和弟弟的对话，居然成为人生中最充满懊悔与遗憾的一次！

于是他深入研究心理学，并把答案写入本书《你的感觉，我懂！》，这个答案就是——同理心。

当然，我们很多人可能不会经历这样严重的事情，但是，我们却可能经常遇到这样的情况——身边的人经历悲伤痛苦，我们却愣在一边不知道该说些什么，又或者你无心的一句话却在人家"伤口上撒了一把盐"。同理心，就是这把解锁的钥匙。

那么，同理心到底是什么呢？通俗点说，就是"将心比心"。

但是，在这本书里，表达同理心，不仅仅是将心比心地理解对方，简单说"我了解你的感觉和想法"，而是在谈话中，进入对方的心灵，真正地帮到别人。有几个基本步骤。

首先是问开放性问题。什么是开放性问题呢？就是"是什么""为什么""怎么了"这种答案有各种可能性的问题，而不是诸如"对不对""是不是"，答案只能是2选1。

有本书叫《安慰的艺术》，是以小故事的形式告诉我们，别人伤心的时候，我们该怎么去安慰。书的开篇就说，不要在别人难过的时候问"你还好吗"，这句话我以前就经常挂在嘴边，就是一个封闭式问题，回答这个问题只有两个答案，"好"或者"不好"。你想人家都"悲伤逆流成河"，眼泪汇成汪洋了，能好吗？就算是她真的告诉你"我还好"，你也明白她是在硬撑啊。

同理心是要了解对方真实的想法，你问一个封闭式问题，就相当于"嘭"一声，关上了继续交流的大门，而当你问一个开放式的问题，就传达出一个讯息——你对他的观点很感兴趣，希望他聊得更多。有时候，只是充当一个"耳朵"，就能给别人带去最大的力量。

所以这时候不如说一句："我不知道要说些什么，但是我只想让你知道我关心你，有什么你想谈谈的吗？"这就是问开放性问题。

其次，是避免太快下判断。

这是什么意思呢？比如，孩子在学校受了委屈，回来跟妈妈哭诉:"我又被老师批评了。"然后妈妈来了一句:"你看你老是这样,我太了解你了,你一定又是上课做小动作了!"

太快下判断就是用过去"做小动作"这件事,推测现在,给行为贴标签。同理心的真正含义是,承认"昨日的你,并非今日的你"。因为生命是流动的,人是在不断改变的,而我们对别人造成的最大伤害之一,就是认为一个人的人格很僵化、死板,永远难以改变。

所以,同理心让我们立足于现在,别太快下判断,简单问一句,"被批评啦,这次是怎么回事呢"就行了!

最后是设定界限。

回忆一下,我们在安慰别人的时候,有没有说过自己的遭遇?比如,朋友失恋了,你知道后跟他说:"我告诉你,我之前分手的时候也特别难受,然后……"分分钟把客场变成了主场!

人们会这么做,实际上是在希望通过分享内心的悲痛来建立信任和联结,表达关心。但是作者告诉我们,这是一个陷阱。因为这种互动虽然能够短时地缓和情绪,让对方觉得,"原来你也有过类似的经历,我感觉好多了",但是并不能真正让对方感到安慰。因为他会开始困惑,"你为什么要跟我说这件事儿呢?我要谈的是关于我的事儿啊"。当我们进行反思后就开始有罪恶感:"我太自私了,我怎么能只想到我自己呢?"

其实,当人们陷入痛苦时,他们最大的渴望是希望自己的特殊状况——这个如"上天入地"般独一无二的情况——能够被理解,而不是被视为和别人一样。

所以设定界限,指的就是我们区分对方和自己,保持一个距离。同理的倾听,一定是以别人为中心的,不能带入自己的经验和主观判断。当你不再是你自己,完全以对方的眼光来看世界,仿佛你就是对方本人,这时你就发挥了同理心。

培养同理心并不是一件简单的事,但是我们可以从"问开放性问题""避免太快下判断""设定界限"这三步开始。

网上有部动画短片《同理心的力量》,我觉得把同理心描述得很形象——当别人陷入一个地洞里,他从底部大叫:"我被困住了。这里好黑,我受不了了。"同理心让我们站在洞口,看到对方的痛苦,然后自己爬下去,和他们待在一起,说:"我知道在这下面是什么样子,你并不孤单。"这才是真正的"你的感觉我懂",才是真正的同理心,它能使最绝望、最受伤的灵魂伤口愈合!

## 11. 出世，也不要遗忘最初的梦想

> 这个入世的出世人，一生都没有遗忘最初的梦想。他用另一种方式，完成了自己心中的"兼济天下"。
>
> 李爱晚

前几天吃完晚饭散步，经过一个小药房，玻璃窗上贴了一个黄绿色的广告条：精选二十八味野生中药，久熬成膏，葛洪桂龙药膏！迈出的步子就停了——葛洪！

葛洪是个人才，知识面覆盖很广，包括军事、医学、化学、哲学、文学、天文学，李白和杜甫都是他的粉丝，1700多年以后，屠呦呦老师从他的书里得到启发，发现了青蒿素，获得了诺贝尔医学奖。这就算了，葛洪还有很多个"第一"和"最早"。

世界上第一个记载天花的人，世界上第一个用免疫法治疗狂犬病的人，中国最早观察、治疗结核病的人。他写的书，《肘后备急方》是中国最早的"120"急救手

册;《抱朴子》集他生前所有神仙学说之大成,最早确立了中国道教体系——日本漫画里经常有阴阳师或者忍者说"临兵斗者皆阵列前行",这九个字最早也出自《抱朴子》。

妥妥的学神级人物。

不过,人无完人。葛洪一生,成就很高,家境却不大好。卢央先生在《葛洪评传》里写,葛洪早年只能靠打柴艰难维持生计,否则连买书的钱都没有。虽然生活艰辛,但葛洪还是抓紧一切能读书的机会,拼命吸收知识,把自己的一天过成了普通人的十天——因为他想做官。

不是因为葛洪功名心重,而是因为葛洪家在还没有没落以前,是三国东吴的名门,祖父、父亲在朝廷里做的官都不小,所以葛洪理所当然地觉得,"我也应该做官,为天下苍生做一份贡献"。

只可惜,当时东晋朝廷有个歧视政策:祖上是东吴的,就不能参加经术考试,不能当官。好在作为一个名门之后,葛洪比别人多了条路——只要和其他名门保持良好的关系,争取他们的推荐,葛洪依然有入仕的机会。所以当时有人发动叛乱,朝廷让东吴的这些名门子弟去围剿的时候,葛洪也跟着去了。

但悲剧的是,葛学神和这些名门子弟的画风完全不一样。

在魏晋南北朝,等级划分非常严格,甚至有的名门子弟,觉得跟阶层低一点的人说话,都是一种耻辱。但是葛洪呢,特别兴奋地和那些下层兵士打成了一片,还把朝廷赏赐给自己的东西分给了大家。

这样不分贵贱的画风,当然和其他名门子弟玩儿不到一起,于是打仗胜利以后,其他人都当了官,葛学神还是风里来雨里去的平头老百姓一个。

葛洪从小的理想就是做官,哪怕生活艰辛,也要用尽各种方法来钻研学问,刻苦读书,而现在实现这个理想的两条路都断了,本该十分绝望。

但葛洪不一样,这只是给他的人生按了"暂停键",给他一次反省的机会——自己真的想做官吗?如果想,那做官的目的是什么?如果不想,那自己这一生,又该何去何从?

葛洪生活的东晋时代,离三国只有不到一百年的时间,国家看上去是统一了,但各方战乱频繁。百姓死亡,是很常见的事,全国户口总数,甚至都比不过汉代时候一个省的人口数量。生命这样短暂无常,对平民百姓来说,保命第一,活下来就是最紧要的事。

葛洪觉得自己的人生追求正在于此:"让百姓活下来",能够休养生息,能够安居乐业,而不是应付达官贵人。那么做官,就只是通往这个目的的一条路而已,若此路不通,再找另一条路就可以了。

所以,葛洪选择了学医。

当时医学并不发达,懂医术的人不多,大部分时候,大家都是用道士符水或者原始巫术来治病。也有老百姓得了病找大夫的,但大夫很少,一般要走很远才能遇到一个。一旦得了急病,还没来得及见到大夫,人就已经死了。

葛洪把当时比较流行的药方全部筛了一遍,把里面那些比较容易找到药材的方子挑出来,编了一部《玉函方》。他编这部医书的目的,就是哪怕你不出门,在家的院子里,都能找到合适的药草。医书涵盖了当时所有的急症。一旦家里有人生病,只要把这本书翻出来一看,马上就能找到解决方法。

但是,作为一个精益求精的学神,葛洪觉得《玉函方》还不够好,为什么呢?因为这本书想求全,内容特别多,足足有100卷。葛洪觉得,要是真的遇到什么事,翻起来不是很麻烦吗?不行,要给产品升个级。

于是,《肘后备急方》诞生了。葛洪从100卷的《玉函方》里面,挑了一些专治急病的方子,缩减成了8卷的实操手册。

这种服务态度,换到今天,也是要给五星好评的!

而且葛洪不但服务好,编书态度也很好。他治学严谨,选的都是质量特别高,经得起时代验证的方子。所以一直到明清,都过了1400多年了,《肘后备急方》还没被淘汰。

正所谓"小隐隐于野,中隐隐于市,大隐隐于朝",葛洪虽然修道,看上去已经出世,但终其一生,他始终关心着黎民百姓,苍生安危。这个入世的出世人,一生都没有遗忘最初的梦想。他用另一种方式,完成了自己心中的"兼济天下"。

## 12. 献给阿尔吉侬的花束

"越过山丘，才发现无人等候。向命运的左右，不自量力地还手，直到至死方休。"

姜文婧

海伦·凯勒写过一篇著名的散文《假如只有三天光明》。如果把其中的概念换一下，假如只有三天智慧，你会如何度过这三天呢？《献给阿尔吉侬的花束》就是讲述人类的超级智能，即智商突然爆棚究竟是怎样的一种体验，该作品获得过星云奖和雨果奖。很多科幻故事都涉及过这个主题，比如吕克·贝松的《超体》、特德·姜的《领悟》，同那些想象力令人惊叹的硬科幻相比，其实《献给阿尔吉侬的花束》在情节上并没有十分酷炫，而是从人性的角度，讲述了一个温情的故事。

故事的主人公名叫查理，他是一个智商只有68的心智障碍者，在他眼中，世界很美好，朋友们都喜欢他。他还有一个老师——纪安尼小姐，教他拼写和阅读。有一天,他平静的生活被打破了,一项声称能人工改造智力的科学实验,已经在小白鼠身上取得了突破性进展,下一步就急需找一个人类进行测试,查理成了最佳人选。就这样,他认识了那只和他接受了一样手术的高智商小白鼠阿尔吉侬,并和它成了好朋友。

手术后不久,查理的智商开始迅速提升,就像一个盲人突然获得了光明,世界在他眼中豁然开朗,但同时,那些从未有过的情绪、洞察和回忆也逐渐浮现:他发现从前他那么在意的好朋友,只是在愚弄他,取笑他;他看到原来被他视作神明、高高在上的实验室的教授们,也不过是烦恼着要从工作中获得名利的普通人;他感觉到自己对纪安尼小姐的情感变得丰富而复杂,可是书上却没有告诉他应该如何对待一个女孩;他还想起抛弃了自己的原生家庭,想起不能接受自己是智障的母亲、温柔却懦弱的父亲……查理原以为变聪明就能拥有许多朋友,就能赢得妈妈的爱,可是觉醒带给他的却是前所未有的孤独。

他在日记中写道,"智慧离间了我和所有我爱的人。""以前,他们因为我的无知和无趣看不起我;现在,他们却因为我的认知与洞察而痛恨我。"甚至爱情也没有拯救他无尽的孤独感,他写道,"纪安尼小姐和我智商185时的距离,竟和我智商只有70的时候一样遥远。"

还没等查理缓过神来,他发现了另一个让他震惊和害怕的事实——阿尔吉侬的智力开始急剧倒退,终于印证了让他恐惧的猜测——这项实验的前提假设是错误的,这意味着查理自己的智力也将步阿尔吉侬的后尘，在到达巅峰之后迅速退化。

应该说，从这一刻起，查理真正开始展现出人性的光芒。他从教授们手中接过了这个以自己为对象的实验。在他发表结论的信里，他平静地说："实验失败虽然否定了某项理论，但对于知识的进步，仍然和成功的实验一样重要。虽然遗憾，我还是很高兴能为人类心灵的运作法则，带来一点小小的贡献。"

这时，阿尔吉侬在愤怒和消沉中死去了，查理把它埋在后花园里，开始了孤单而艰难的自我发现之旅。他原谅了原生家庭对自己的伤害，与纪安尼小姐享受了短暂而珍贵的时光。但同时，他也逐渐忘记了如何弹奏钢琴，忘记了自己学过的外语，忘记了自己是如何从弥尔顿的《失乐园》中获得快乐。如果说前面从蒙昧走向光明的旅途坎坷而振奋，那么这一段从光明再度退回到黑暗中的描写，只能用"令人心碎"来形容。智慧就像手中的流沙一样无情逝去，他终于退回到了最初的智力水平，忘记了发生在他身上的所有奇迹。

查理的故事就像是我们一生的缩影。经过无忧无虑也无知的童年之后，世界在我们面前展开真相。我们继续往前走，因不同的人生道路，与昔日的朋友渐行渐远。我们抛弃了原来的自己，又费尽力气把他找回来。我们追寻人生的意义，也明白了注定的孤单。如果要用一首歌来注解它，我会选择《山丘》，"越过山丘，才发现无人等候。向命运的左右，不自量力地还手，直到至死方休"。

当我们为查理感到惋惜时，可曾想过我们自己呢？我们真的比查理聪明吗？面包房的伙计、查理的家人、大学实验室里的科学家们，这些我们眼中的正常人甚至精英，一辈子不也浑浑噩噩，如同未曾醒来过的查理。假如只有三天智慧，你会如何珍惜？查理拥抱了这个机会，即使智慧意味着痛苦、迷茫、孤独，即使这些关于智慧的回忆最终会彻底清零。但至少，他曾经走进了光明，认识了这个世界，了解了人性的脆弱和伟大，找到了另一个真实的自己。到最后，他还记得爱，还有一份追思，此生足矣。

这本书是用第一人称日记体写成的。一开始，日记里充斥着大量拼写错误，没有逗号，颠三倒四。随着智力的提升，查理的文笔越来越简洁、优美，字里行间透露出丰富的情感和睿智的光芒。而到了后期，当他智力开始衰退时，这些优美的字句又渐渐消失了，语法和拼写错误再次充斥了整个行文。但是，最后一篇日记让许多读者潸然泪下，因为那里已经没有了任何技巧，唯一剩下的只有查理的一颗赤子之心。他写道：

"纪安尼小姐，如果你有机会读到这个，请不要为我难过。就像你说的，我很感激，得到生命中第二次机会。我学到很多以前我甚至不知道这世界上真的存在的事情……我还记得一点点读那本封面已经被撕破的蓝色书时感受到的快乐。无论如何这就是我继续想要变聪明的原因。聪明并且知道很多东西是很棒的事情，但愿我能够知道世界上的所有事情。……还有如果你有机会，请放一些花在后院的阿尔吉侬的坟上。"

## 13. 满怀爱意，一切都会好起来

"之所以一心想着死这件事，一定是因为活得太认真了。"

柳舒淇

莎士比亚说过一句话："对这些都倦了，我要离开这人间。只是，我死了，要使我爱的人孤单。"

今天要推荐的故事中的主人公就是这样的想法，瑞典作家弗雷德里克·巴克曼笔下的欧维就是这样一个人，他厌倦了世上的一切，想要离开这人间。《一个叫欧维的男人决定去死》就是一个男人一心想要自杀的故事。

然而，这个故事却丝毫不沉重，目录更有意思，"一个叫欧维的男人买了个不是电脑的电脑""一个叫欧维的男人和一辆该放哪儿放哪儿的自行车"，好像是严重剧透了内容，实则无关紧要，这种幽默诙谐的笔法缓解了一个男人想要去死的沉重感。

《人物周刊》说,"读这本书你会笑,你会哭,会因此想搬到北欧去,因为那里的一切都更可爱一些。"它让我们思考,关于沟通,关于善意,关于如何与这个世界更好地相处。

欧维是一个 59 岁脾气古怪的老头,口头禅是"白痴",愤怒值爆表,时刻处于"开火"状态,他有着自己的一套不可撼动的原则,俨然就是一个古板的"强迫症大爷"。

每天早晨,欧维定时在社区巡视,确认所有车辆都停在应该停放的位置,呵斥违反规定私自驶入社区的车,看到小区的姑娘在遛狗,每次都威胁要把狗当成拖布扔出去。对谁都是凶巴巴的,看谁都不顺眼,被背地里称为"地狱来的恶邻"。

这样一种讨人嫌的人设一般怕是活不到电视剧的第二集,巧了,人家一心求死。

为什么呢?也许他不是想死,只是不想再活了。

随着年纪的增长,他感到无法融入这个快节奏的社会,时代抛弃了他,他永远搞不懂什么是互联网、iPad,工厂不再需要他,甚至连社区也不再需要他了。曾经他这个管事的居委会保安老大爷,却被一个简单的监控器取代了。还有逐渐老去的身体,松弛的皮肤,扑面而来的孤独……这一切的一切都是他求死的理由。

而最重要的原因是妻子索雅的离去,他深爱妻子,所以在她死后仍然保留着一些习惯,他会准备两杯咖啡,可是即便这样,斯人已逝,没人再能为他排遣孤单了。

"之所以一心想着死这件事,一定是因为活得太认真了。"

欧维无法接受这样"秩序混杂"的世界,一切的一切都打破了他的原则和规矩。

于是开始自杀之旅。

第一次自杀。

欧维准备好了上吊的绳子，整理收拾好了一切，万事俱备，然后把脖子套进了绳结。正在这时，他刚刚搬来的新邻居开着拖斗车撞进了他的花坛。气急败坏的欧维冲出去："你们在干吗？"原来是一对夫妻在倒车，欧维只好骂骂咧咧上去帮忙："老天爷，找个截了肢的白内障患者倒车都能比你们强！"自杀自然就没成功。

还有一次很有意思。欧维整理好了一切，算好了时间，甚至找好了卧轨自杀的绝佳位置，万事俱备就等火车到来，可就在这时一个男人晕厥在了轨道上，欧维赶紧跳下去大喊："都过来拉一把！"于是因为救那个男人他自己又没死成。

原来这个强迫症老大爷的另一面，是充满善意和柔软的。

对于那些需要帮助的人，他总是能够施以援手，即使态度很不友好。

就是这样，欧维一共自杀了6次，每一次的自杀都会被这样或那样的小事给打断，从帮忙倒车到帮忙送医院、帮忙照顾小孩、帮忙修暖气。

这个充满爱意的社区里，没有人真的和欧维置气，欧维也不是真的刻薄，只是不会嬉皮笑脸罢了。这个世界那么多的麻烦事呢，没有了欧维那怎么行！

正是这些"麻烦"的存在，留下了这个充满善意的老头。

一个决定去死的男人，最后却死而不得，一连串的巧合就像是黑色幽默一般阻止他与世界告别，就在这样一次又一次的巧合与琐碎里，欧维与世界"和解"了。

从最开始"还让不让人好好去死了"，到最后"我终于还是死了，但走得很安详"，从最开始对这个世界充满嫌弃与刻薄，到最后回归柔软、回归爱意，倍受需要和敬爱。

临终前，这个可爱倔强的老头留下了一封信："葬礼千万不要有任何仪式，只需把我和妻子葬在一起就好，不要围观，不要飘带！"

没想到最后这个无儿无女的孤独老头的葬礼上，来了满满一教堂的人。

看到这么多人都来向欧维道别的时候，邻居说："这排场欧维得恨死了！"大家破涕为笑，因为他还真会。

巴克曼说："死亡是一件奇怪的事，人们终其一生都在假装它并不存在。我们其中一些人有足够的时间认识死亡，他们得以活得更努力，更执着，更壮烈。另一些人则深受其困扰，在它宣布到来之前就早早地坐进等候室。"

我们也许都会有那么一天，意识到这个世界好像不再属于我们了，我们跟不上时代的潮流，也被这个世界逐渐抛弃。你不禁会想：是要逃避现实地死去，还是满怀爱意地努力生活？

其实那个琐碎的、乏味的生活，恰恰是把我们留在这个世界的最后的理由啊！

一位邻居对欧维说："在这个世界上，没有人能够独活。"

愿你心中有所爱，永远都不再感到孤单。

## 14. 放下执念，享受"实现"之前的未知

> 清醒而不放弃做梦，是人生最可贵的东西。
>
> 柳舒淇

小的时候我们总是有着各种各样的伟大梦想：成为科学家、超级英雄、数学家，登上月球……

可是长大了之后，周围的人不再关心你所谓的梦想了，取而代之的是一系列的现实问题，买房了吗？结婚了吗？工资涨上去了吗？而梦想，逐渐变得缥缈而又奢侈，我们开始逐渐说服自己变成一个平凡而又普通的人，梦想这东西，早就该戒了。

"梦想"这个词，从什么时候开始，变得令我们沮丧，令我们刻意不再提起。

因为在我们心中，梦想是用来实现的。无法实现的梦想，就像是鸡肋，食之无味，弃之可惜。

可是，能否实现梦想，真的这么重要吗？

保罗·柯艾略的《牧羊少年奇幻之旅》讲述的就是

一个关于梦想的故事。

故事主人公是一位西班牙少年,名叫圣地亚哥,他曾经在一所神学院里待到 16 岁,父母希望他成为神甫,然而这并不是他的梦想。他从孩提时代起就想要了解世界,于是他告诉父亲,他不想当神甫,他要云游四方。父亲说,只有牧羊人才四处游走,他说:"那我就去当牧羊人。"没想到父亲竟然答应了。

他跨海来到非洲,一路奇遇,甚至经历生死的考验,历尽艰险。最后克服种种困难,找到了人们都不曾相信存在的宝藏。

的确,圣地亚哥比多数人都幸运,他成了自己想成为的人,也实现了云游四方,找到宝藏的梦想,可是相比于这个结果,更吸引人的却是小男孩在实现梦想过程中的遭遇:他一路披荆斩棘,遇到了无数奇幻的故事。

其实在小男孩的追梦之旅中也曾有过迷茫与徘徊,他一心想要追求梦想却困难重重,正当他一筹莫展想要放弃的时候,出现了一位老人,为他指明方向。在两人分开的时候老人给他讲了这样一个耐人寻味的故事:"一个商人派自己的儿子去找智慧大师寻求幸福的秘密,大师让孩子先去城里转转,同时给了他一把勺子,在勺子上滴了两滴油,说走路的时候要注意,不要让油洒出来。小男孩转了一圈回来后真的一滴油都没洒,大师却并不满意,他问道:'虽然油没洒出来,可是你看见我餐厅里的波斯地毯了吗?看见园艺大师花费十年创造的花园了吗?'"

原来,孩子一心想着完成任务,却忽略掉了周遭的风景。

听了这个故事之后,圣地亚哥也意识到,也许可以换一种角度看待梦想，即使走不到最后，"他也比他认识的任何一个牧羊人走得更远，看到更多新鲜的事物"。于是他又满怀欣喜地启程了。

途中他也来到了一家水晶店打工。店主年轻的时候，想要积攒一点钱，决定成为富翁之后就去麦加朝圣，所以他开了一家水晶店。多年之后，他真的变成了富翁，却一直没有启程前往麦加，好奇的圣地亚哥问他为什么不现在去？店主说："因为麦加是支撑我活下去的希望，它使我能够忍受平庸的岁月。我害怕实现我的梦想，实现之后，我就没有活下去的动力了。"

对于梦想，有的人选择去实现，而有的人选择把它埋藏在心底，留下那一份美好的幻想。难道将梦想留存于心底的人就应该受到嘲笑吗？

圣地亚哥也正是因为明白了这个道理，所以心中的梦想之路反而变得更加清晰。

我们有时候总是把心中的梦想看得太重，没有完成梦想，好像人生就不完整。可是，有时候我们也或许可以放弃那份执念，只管去享受实现梦想之前的那种可能性。实现梦想的过程中的日日夜夜才是我们最宝贵的财富。

清醒而不放弃做梦，才是人生最可贵的。

## 15. 一生，为谁而活

> 这个看似多元又包容的社会其实每天都在上演屠杀个性的惨案。
>
> 柳舒淇

**如**果你大学毕业了还没有正式稳定的工作，如果你过了三十岁还不结婚，你一定会有这样的经历，周围的人会对你议论纷纷，因为你的现状似乎不符合正常人的人生轨迹。

所以，现实世界中的我们，做人做事仿佛都有一个看不见的标准。如果你不迎合，就会变得"不正常"。

村田沙耶香的《人间便利店》书中作者用一种比较荒诞的写作手法，讲述了一个极度"不正常"的少数派如何变得"正常"的故事，看似荒诞，却有着刺骨的真实。

这本书获得了2016年日本最具影响力的纯文学大奖——芥川奖。

一开始作者就为我们介绍了一个极度不正常的主人公古仓惠子。

在外人眼里她就像是一个可悲的没有感情的机器。

比如，幼儿园的小朋友看到漂亮的小鸟死在公园里，会怎么做？会伤心，会难过。可是这个惠子，第一反应是说："把它烤着吃了吧！"看到大人惊呆的表情，她竟然恍然大悟地想，"难道应该要多抓几只？"

再比如，看到班里男生打斗，正常小朋友可能都会远离，或者去劝架，可是惠子的反应竟然是，举起铁铲砸向男生的脑袋。她认为这样他们就可以停止了。

惠子或许就是这样一个缺乏社会情感的孩子，从小就被旁人视为"异类"。伴随而来的经常是一些冷嘲热讽："这孩子一定是家教不好。"而惠子的父母也会受到牵连，经常被老师叫去训话，这让惠子觉得总是给父母带来麻烦，直到有一次不小心偷听到了父母的对话，他们说："怎么才能'治好'惠子呢？"

这才让惠子终于意识到自己的问题，为什么自己需要治疗呢？有病的人才需要治疗，既然连父母都这样说，那自己大概真的有病。自那之后，惠子决心要"治好"自己。于是她开始不再按自己的方式做事，而是去模仿他人的言行举止，她以为这样就可以像大家一样"正常"起来。

后来惠子慢慢长大成人，一次偶然的机会，惠子来到了一间便利店工作。意外的是，惠子发现便利店的工作简直太适合自己了。便利店就像一个永远都无法动摇的正常世界，因为在这里似乎没有"异类",所有的人都是一样的。他们都穿着一样的制服,接受一样的礼仪训练,梳着一样的发型,甚至微笑都一模一样地露出 8 颗牙齿,异口同声地说着"欢迎光临"。他们被抹去性别、性格、年龄、国籍的各种差异,每个人都依照员工手册被正常化。

而惠子在这里,就像是重获了新生,因为说起模仿人,她最在行了。她模仿着店员应有的语气:"现在起 24 小时营业,欢迎您随时光顾!"而顾客也称赞她"真是个好店员,我下次还会光顾",就连同事们也说:"惠子小姐真厉害呀,第一次收银就这么沉着!"在这里,惠子才真切地感受到,她被当作世界的"正常零件"来运转了。她说:"唯有这件事,让我得以是一个正常人。因为我和大家都一样。"而这样的工作,她竟然一做就是十八年。

在和形形色色的人相处中,惠子慢慢活成了其他人。

她会偷偷地翻看其他女店员的手提包,记下品牌去买。有一次店员问她:"为什么惠子从来都不会生气啊?"于是她偷偷地观察别人生气的表情,扭动脸上同样位置的肌肉。

通过这样的模仿,惠子逐渐找到了自信,本以为这样就可以回归正常,可是在一次聚会中,朋友开始质问惠子为何 36 岁了既不结婚生子也不找一份正经稳定的工作,虽然惠子搪塞说自己是因为身体不好,可是心里却早已意识到她又面临着成为"异类"的风险,或许她应该赶紧找一个人来结婚才能再次变得正常。

与此同时,一个三十五岁还一事无成的男人白羽来到了便利店工作。

这个白羽，整日游手好闲，好吃懒做，经常迟到。来到便利店工作的原因竟然是想要找一个能够养活自己的女人结婚，他就是一个彻彻底底的失败者。

所以没过多久，他就因为要了女顾客的电话号码而被开除。惠子意识到，在这个高度标准化的便利店里，容不得一丝特殊，一旦出了差错，就会落得被开除的下场，这个"零件"就用不了。这也让她更加确认在这个社会里，异类就会被清除掉的道理。

一次下班后偶然遇见了落魄的白羽先生，两个人聊了起来，惠子发现原来白羽先生本身就是一个矛盾的人：他一方面愤慨这个社会的条条框框，一方面又想去迎合这个世界的标准。在他眼里，所谓的"个人主义"都是形式。在这个社会里，只要你不融入，就会被干涉，被强迫，直到像"渣滓"一样被处理掉。显然，这个一事无成的白羽先生，也面临着被称为"异类"的同样的问题。

或许是因为两个"异类"的共同需要，在得知落魄的白羽先生无家可归时，惠子不假思索地提出要和白羽结婚。因为在惠子看来，一个想要逃离社会的指指点点，一个想要快速结婚变得正常，他们两个的结合简直完美。她决定把众人觉得自己不正常的部分从人生中剔除掉，这是惠子对自己的治疗。

白羽也如愿以偿地被藏在了惠子家里，躲开了所有社会的压力和他人的评判，哪怕只能生活在惠子家的浴缸里，吃着被称为"饲料"的食物。

他说："惠子，你真是太幸运了，能够遇到我。现在好了，成为已婚人士，你说你要是一个人生活下去，今后不知道会死得多惨呀。"更为讽刺的是，最后惠子所有的设想都开始一一应验，她的生活貌似开始"步入正轨"，家人朋友的态度也发生了反转，他们说："总算是结婚了，这样总是要比之前靠谱多啦。"这让她确信到自己这个选择无比地正确。这样的黑色荒诞着实让人倒吸一口凉气。

最后，结婚的问题是解决了，可是周围的人又开始把矛头指向了惠子的工作，她们依然认为惠子应该去找一份正式稳定的工作，于是惠子按照大家的想法，辞掉了便利店的兼职。

故事的最后，作者给了我们一个意味深长的结局，那就是离开了便利店之后的惠子仿佛失去了一切生活的基准。于是她决定不再考虑他人的想法，听从自己的内心，再一次走回了便利店。

故事就在这里戛然而止。一开始会为惠子庆幸，她这一生终于有一次听从了自己的内心。可是当你仔细想想，不禁会心头一紧，因为惠子追求的所谓的"自我"竟然已与这个高度标准化的便利店融为了一体。那个时候的自我，还叫作自我么？

这是一个细思极恐的故事，惠子显然是人们口中没有"人性"的不正常的人，她不懂得同情，不懂爱情，甚至都不会生气。可是，那些所谓的正常人就正常吗？而正常的标准又如何界定呢？

这个看似多元又包容的社会其实每天都在上演屠杀个性的惨案。而我们，可能是刽子手，更可能是那些被屠杀的少数派。

我们这一生到底是为谁而活呢？是为了他人对你的期待吗？

## 16. 有一个可以想念的人，便是幸福

> 年少时暗恋不会被忘却，它像是心里的蜜饯子，想到就有种微微的甜苦味，可那又是爱情里最美好的模样。
>
> 柳舒淇

《圣经》里有这样一句话："……不要惊动不要叫醒我所亲爱的，等他自己情愿。"

那是一种含蓄隽永的情感。没错，今天带来就是一段暗恋与守护的故事，来自岩井俊二的《情书》。

这本书以含蓄而又克制的讲述，为我们呈现了一段哀而不伤的青春往事。这段往事中有极致的暗恋和最长情的陪伴，最终成为无数人心中珍藏的记忆。

在一个平常的日子里，患了重感冒的女孩藤井树收到了一封不平常的信，信里只有短短两句话

藤井树：

你好吗？我很好。

渡边博子

然而令女孩百思不得其解的是，她压根不认识这个叫博子的人，或许是某人的恶作剧，于是也以调侃的心态写道："你好，我也很好，只是有点感冒。"

事实上，这封看似恶作剧的书信背后的故事还得从两年前讲起：

写信的博子在两年前有一个未婚夫，也叫作藤井树，可是这个男孩藤井树在两年前一次登山过程中意外坠崖。两周年祭日过后，博子因为抑制不住对他的思念，于是找出了中学同学录，按照里面写的藤井树的旧址，给他寄去了这样一封明知不会收到回信却饱含深情和思念的信件。

可是，这封信怎么会离奇地寄到了女孩藤井树的手中……在惊讶之余的几番询问后才发现，原来，女孩藤井树与男孩藤井树恰好是同名同姓的同班同学，所以，博子在同学录中找到的藤井树的地址，其实正是女孩藤井树的。

而在弄清事情原委的过程中，一直暗恋博子的秋叶始终在帮着博子出谋划策。在博子第一次收到回信惊奇不安的时候，第一个找的人，就是秋叶。因为这两年来秋叶是始终陪伴在博子身边最亲密的人。即使博子一直认为自己开始一段新恋情是对藤井树的背叛，秋叶也选择了始终如一的陪伴和理解。

在秋叶的建议下，他们一起来到了女孩的住址小樽，想要见一见本人，却意外地发现女孩藤井树竟然和博子长得一模一样，博子不禁有这样的猜想："是否我只是一个替代品呢？""如果是的话，我就不原谅他。"

回来之后，博子写信问道："能不能让我分享一下你的回忆？如果你还记得什么有关他的事，请你告诉我好吗？多无聊的事都可以。"就这样阴差阳错地，两个女孩开始了一次次的书信往来。随着一次次的回忆，一段埋藏于女孩藤井树心底的青春过往，慢慢地浮现出来。

女孩藤井树最开始对于男孩藤井树的印象并不好。我们试想一下，初中的时候如果班上有一个异性与你同名同姓，那么在青春躁动的校园当中，同学们一定会拿你们两个起哄开玩笑。所以在信中，女孩写道："从开学典礼那天起，悲剧就开始了。老师点名的时候，我和他同时答了到，班里的视线和骚动全集在我们身上，很让人害臊。"

有一次，不知是不是同学的恶作剧，两人的考试卷子发错了。女孩或许是因为害羞酝酿了一天都没敢向男孩开口要回卷子，于是，她只好放学后偷偷在自行车停放处等男孩过来和她主动交换。可谁知道见了面之后，男孩却一直假装对答案不予理会，磨叽了很久才把试卷还给她。或许只是为了拖延时间能够和女孩多相处一秒吧。

后来，男孩故意和女孩共同担任图书管理员，女孩在信中写道："候选的时候，我一举手，那家伙竟然也举起了手。更让人恼火的是，他在工作的时候却什么也不做，只是搞些奇怪的恶作剧。"原来，他只是找那些没有人看的书，在空白借书卡片上写上"藤井树"的名字。他说，没有人借的书很可怜，就写上自己的名字。他以此为乐。

可是，当时那一张张卡片上晕开的，究竟是哪个藤井树的名字，又是哪个藤井树的少年心思呢？

后来男孩藤井树突然转了学，女孩生气地摔碎了他桌子上的花瓶，她说："现在想想，为什么那么做，我自己也不是很清楚。这是我们之间最后的插曲了，也是我能给你讲述的最后的故事。"

时隔多年，女孩藤井树回到当年他们共同的中学，发现学校里流传着学弟学妹"寻找藤井树卡片"的游戏。学生们见到了女孩本人后目瞪口呆地说："里面，里面的卡片！"女孩按照提示，看到了卡片上藤井树曾经的签名，学生们还在嚷嚷："背面背面！"她漫不经心地把卡片翻转过来，那是中学时代的自己的画像。

特别喜欢小说对这一段的描写："我一面佯装平静，一面想把卡片踹到兜里，然而不凑巧，我喜欢的围裙，上下没有一个兜。"

其实，佯装平静的女孩心里早就乱成一团了，连她最喜欢的围裙，她都忘记了原来是没有兜的。

那一刻，这场属于青春里的暗恋也就此大白。

这些名字，从来都是男孩写给自己的，这是一封超越了时间、空间的情书，虽然晚了那么多年，可终究还是被女孩发现了。

当她们最终发现彼此相爱的时候，男孩早已不在这人间。

显然，这段哀而不伤的青春序曲并没有画上最圆满的句号，但是在女孩藤井树的心中，他永远都是教室里那个若隐若现的少年。虽然经历了岁月的洗礼,但真挚的感情从不曾被磨灭,过去从不曾过去,而瞬间即是永恒。这或许是上天对那些念念不忘的人的一种馈赠。

而博子终于明白男孩藤井树是为了弥补青春的遗憾与自己在一起,于是她也选择放下了那段本不属于自己的感情。

她跟秋叶一起来到了男孩藤井树出事的那座山。她对着雪山一遍遍地喊"你好吗?""我很好!"的时候,放声大哭的博子,终于告别,终于释然,终于也要拥抱她新的爱情。或许秋叶对于博子的爱,丝毫不逊于男孩藤井树对于女孩藤井树的爱恋。这么多年秋叶默默地把这份爱恋埋藏在心底,以朋友的身份照顾博子,呵护着她的心事,包容着她的故事,令人动容。

年少时暗恋不会被忘却,它像是心里的蜜饯子,想到就有种微微的甜苦味,可那又是爱情里最美好的模样。

岩井俊二说:"有一个可以想念的人,便是幸福。"此刻,你又会想起谁呢?

## 17. 爱，越深沉，越来得漫不经心

> 岁月沉淀之后，你终将会明白，那些曾经的美好与幸福的时光，一直都在。
>
> 柳舒淇

古人云，"双鲤传尺素，鸿雁托锦书"。不论何时，人们总是在接到一封信笺的时候充满惊喜。这些书信，或衷肠难诉，或相思娓娓。而书信，本就是寄信人的分身，承载着寄信人的情感。

《山茶文具店》就和书信有关，讲述了主人公在为不同的人代笔写信的过程中，传递情感，收获治愈的故事。

主人公雨宫鸠子，一直以来都和外婆相依为命，生活在外婆执掌的古老的山茶文具店里，这家文具店可不是普通的文具店，它有一项神秘的业务——帮人代笔写信，不论是分手信、问候信，还是菜单、履历表，都来者不拒。

而鸠子从小就肩负着外婆赋予她的使命，外婆告诉她，她是雨宫家的"第十一代代笔人"，将来是要继承这间文具店的代笔工作的。在外婆眼里，代笔不是冰冷地书写文字，而是富有仪式感的事情。每一次的书写，都必须要把自己沉浸其中，投入自己的所有情感，就像是匠人一般，虔诚地书写着他人的故事，所以容不得半点含糊。

于是外婆在这件事上对鸠子无比严格，她从不允许鸠子喊自己"外婆"，而是"上代"，这就使得鸠子和外婆在一起的时候，时刻都是拘谨的。就是这样，在同学都可以自由自在地享受童年的时候，鸠子只能在家里日复一日地练习书法。手肘要抬高，身体坐直，注意力集中在呼吸上，并且不可以乱动"上代"的代笔工具，如果乱动就会被关进储藏室。

然而年少的鸠子并不明白，她所经历的这一切其实都是外婆的"良苦用心"，于是，进入青春期的鸠子终于爆发。"为什么自己永远都要练习书法，不能有自己的生活？"一气之下的鸠子，离开文具店跑到了国外，直到传来"上代"病逝的消息。鸠子考虑很久，想着毕竟那家文具店是自己从小生活的记忆，外婆这一走，山茶文具店就无人看管，而自己曾经付出的所有努力也将付之东流。怀着复杂的心情，鸠子决定回国接手山茶文具店，而从此也正式开启了她的"代笔人生"。

在给不同的人代笔写信的过程中，鸠子的心境慢慢发生了变化，因为，一次次代笔就像是经历着不同的人生，也正是在这样一个个人生故事当中，鸠子慢慢地收获了自己成长。

这些代笔信中，最让人印象深刻的，是一封"天堂来信"。

委托人清太郎，他的妈妈九十多岁住进养老院以后，天天说一些奇怪的话，说她已经去世的丈夫会写信给家里，所以她就天天吵着要回家。但是，在清太郎的印象里，父亲是一个很严肃刻板的人，绝对不可能会写信给母亲的，所以母亲肯定是因为年纪大了头脑不清，才会胡说八道。

直到有一天，他真的在家里找到了一厚摞父亲当年写给母亲的信。几乎所有的信都是以"亲爱的小千"开头，落款必定是"全世界最爱小千的男人"。在这些信里，这个平日刻板严肃的父亲会温柔地开玩笑，字里行间都充满着对母亲的爱意。

而母亲即使在生命即将走到终点的时刻，依然在等待着丈夫的来信。面对这样的母亲，清太郎无奈又心疼。所以他带着当年的这些信件，找到了鸠子，希望鸠子能完全以父亲的口吻写一封来自天堂的信给母亲，让母亲得到安慰。

鸠子翻看着这些信，一边羡慕一边感慨，也深刻地意识到，要写的这封信就是清太郎母亲刻进骨子里的期待与守候。

这样一封信，鸠子怎么也找不到感觉，因为她想不出如何才能表现出一个男人那种不善言说的情感。半个月之后鸠子才终于有了灵感。得知清太郎的母亲喜欢花，鸠子把回收纸压成花朵的形状铺满整个信件，甚至在冬天这样的季节也不辞辛苦地专门去寻找不同种类的花来丰富这封信，仿佛是将一片花海献给了爱花的妻子。

她模仿着父亲成熟的笔迹写下：

亲爱的小千：

  我已经从走球人生（"走球人生"是父亲自创的词，他把地球比喻成一个大橡皮球）毕业了，当我们下次见面时，要不要每天牵着手，尽情地散步？小千，我喜欢你的笑容。在下次见面之前，你一定要多保重。

全世界最爱小千的男人

  清太郎的母亲收到这封"天堂情书"之后，一直高兴地把这封信抱在胸前当护身符，直到安详地离开人世。

  在体会了清太郎父亲对于母亲的爱之后，鸠子也终于意识到，原来爱存在的形式不是只有一种，有些人的爱，深沉而不善表达，或许就像"上代"对自己的爱一样。

  后来一次偶然的机会，鸠子看到了"上代"写给朋友的一封信，上面写着：

  "其实关于这家店，我一直都在欺骗着鸠子，说是祖先世世代代传承下来的老店，其实我只是想把鸠子留在身边，因为我不想孤单一人。如果我的身体还健康，我一定会找到鸠子，向她道歉，让她自由。"

  得知真相的那一刻，哭笑不得的鸠子终于明白原来这就是外婆的良苦用心，那个对她处处严格的外婆，不过是一个害怕孤单的普通老人啊。她不过是将她的爱化作了严厉的陪伴与教导，而那种严苛背后，隐藏的都是外婆满满的不善言说的爱。

于是，故事的最后，鸠子用饱含爱意的笔调，写了一封长长的信给"上代"。在信里，她第一次亲切地叫了外婆"阿嬷"，她是那个会烤奶油糖给自己吃，会背自己看风景的亲切的老人。鸠子写道：

"谢谢您！如果能见到最后一面，一定会好好和您道别，原来，我们之间——没有任何徒然无益的时光。又及，我会和您一样，成为真正的代笔人，今后也将继续以代笔为生。"

这个发生在镰仓的故事，在淡淡的安逸中充满了温情。这样的山茶文具店，就仿佛开在书海里的"深夜食堂"，每一封信都暖人脾胃，舒服至极。

其实就像鸠子年少时无法理解"上代"深沉的爱一样，我们很多时候也容易曲解我们身边人的良苦用心。

可是细细想来，爱，有时候可能越是深沉，越来得漫不经心。直到岁月沉淀之后，你终于明白，那些曾经美好与幸福的时光，一直都在。

# 附录：《我是讲书人》大赛第一季优秀选手

### 1. 柳舒淇（北大元气女神）：

本科毕业于中国传媒大学播音主持艺术学院，北大研究生，央视四套《中国新闻》栏目实习主播。《我是讲书人》大赛第一季全国总冠军。

### 2. 王冠傑（分子人类学从业者）：

90后分子人类学研究员。《我是讲书人》大赛第一季亚军。

### 3. 关熙潮（斜杠青年）：

职业作家、编剧，著有散文集《此生若能牵手，谁愿颠沛流离》等。央视《中国成语大会》全国8强，北京卫视《我是演说家》人气演讲者。

### 4. 陈珺（内涵女吃主）：

主持人，记者，获得全国金话筒奖提名，星期日家庭煮妇，中医爱好者，江苏文化创意设计大赛紫金奖获得者。

### 5. 郝彧（理工小网紫）：

90后EHS工程师，本科就读于北京理工大学，研究生就读于新加坡国立大学，一路理工；兼爱文史，央视首届《中国诗词大会》两期五强，获"诗词达人"称号。始终以空杯心态双修文理，是有谱且靠谱的正能量派。

### 6. 王炜（隔壁奶爸）：

理工科出身，后来从事培训工作。喜欢演讲和辩论，想成为一名传播知识的段子手。

### 7. 张楚翎（女性成长导师）：

北京大学心理学研究生、世界500强高端定制顾问课程导师、NLP国际导师、亚运会VIP接待志愿者培训导师。

### 8. 谢玩玩（魏晋迷妹）：

80后金融从业者，爱历史，爱心理学，爱折腾。

### 9. 涂梦珊（声音大咖）：

青年作家、知名声音教练。从非常不爱看书，到3年读了400多本，从完全不读书到成为青年作家，阅读改变了她的人生轨迹，著有《如何练就好声音》。

10. 张默然（科幻少年）：

　　一个梦想见到外星人的科幻文学真爱粉。相信总有一天，宇宙所有文明会联合在一起，操纵时间之矢，逆转熵增，让所有生灵达成真正的幸福。

11. 王丹（心灵陪伴者）：

　　一个疯狂热爱读书和参加各种培训学习的人，并且将阅读和学习奉为一生的事业。

12. 林维业（马来西亚讲书人）：

　　毕业于景德镇陶瓷学院，拥有中国美术学院艺术鉴藏硕士学位，研究中国宋代审美与宋代陶瓷。目前在传统美学理论与实践结合的基础上研究传统人物画。

13. 李赛男（职场进阶师）：

　　毕业于中国传媒大学，是香港大学整合营销在职研究生。任华侨城欢乐海岸品牌营销副总监，同时是一位性格色彩咨询师，并成为乐嘉、秋叶等名人演讲会指定主持人。

14. 文婧（跨界文青）：

    毕业于中国传媒大学，现为金融行业分析师。座右铭：外面的世界很精彩，内心的世界同样值得期待。

15. 瞿茂林（国学哥）：

    不是酸腐的孔乙己，而是鲜活的国学哥，帮你打通国学与生命科学的任督二脉。